国家出版基金项目
NATIONAL PUBLICATION FOUNDATION

漢字改革

王力◎著

山西人民出版社
山西出版傳媒集團

圖書在版編目(CIP)數據

漢字改革 / 王力著. -太原: 山西人民出版社,
2014.12
(近代名家散佚學術著作叢刊 / 許嘉璐主編)
ISBN 978-7-203-08806-6

Ⅰ. ①漢… Ⅱ. ①王… Ⅲ. ①汉字改革-研究
Ⅳ. ①H125

中國版本圖書館 CIP 數據核字(2014)第 234685 號

漢字改革

主　　編　許嘉璐
著　　者　王　力
責任編輯　馮靈芝

出 版 者　山西出版傳媒集團·山西人民出版社
地　　址　太原市建設南路 21 號
郵　　編　030012
發行營銷　0351-4922220　4955996　4956039
　　　　　0351-4922127(傳真)　4956038(郵購)
E-mail　sxskcb@163.com　發行部
　　　　　sxskcb@126.com　總編室
網　　址　www.sxskcb.com

經 銷 者　山西出版傳媒集團·山西人民出版社
承 印 廠　山西出版傳媒集團·山西人民印刷有限責任公司

開　　本　700mm×970mm　1/16
印　　張　9
字　　數　98千字
印　　數　1—3000冊
版　　次　2014年12月　第一版
印　　次　2014年12月　第一次印刷
書　　號　ISBN 978-7-203-08806-6
定　　價　23.00圓

《近代名家散佚學術著作叢刊》編委會

出版說明

近代名家散佚學術著作叢刊選取一九四九年以後未再刊行之近代名家學術著作共一百二十册，編例如次：

一、本叢書遴選之著作在相關學術領域具有一定的代表性，在學術研究方向、方法上獨具特色。

二、爲避免重新排印時出錯，本叢書原本原貌影印出版。影印之底本皆經專家組審定，原書字體大小，排版格式均未做大的改變，原書之序言、附注皆予保留。

三、本叢書分爲八大類，以作者生卒年編次。

四、爲使叢書體例一致，本叢書前言後記均采用繁體字排版。

五、個别頁碼較少的版本，爲方便裝幀和閱讀，進行了合訂。

六、少數學術著作原書内容有個别破損之處，編者以不改變版本内容爲前提，部分進行修補，難以修復之處保留缺損原狀。

七、原版書中個别錯訛之處，皆照原樣影印，未做修改。

八、所選版本之抽印本頁碼標注，起始至所終頁碼均照原樣影印，未重新編排標注新頁碼。

由於叢書規模較大，不足之處，殷切期待方家指正。

總序／

披沙瀝金，以爲鏡鑒

◇許嘉璐

多年來有一個問題始終在我腦中盤桓：爲什麽在十九世紀末到二十世紀初，在短短的幾十年裏，中國的各個學術領域竟涌現了那麽多大師級的人物？這是中國近代史上一個極爲重要的現象，我認爲，如果不能給出令人滿意的答案，我們撰寫的近代學術史將是不完整的，甚至是缺乏靈魂的。後來我知道，著名人類學家克羅伯曾提出過一個問題：爲什麽天才成群地來？看來這種現象的出現並非中國所獨有，思考其所以然的也大有人在。而在那一次世紀之交中國的情况，似乎應驗了「天才成群地來」這個令克氏久久不解的疑問。錢學森先生曾從相反的方向提出了相同的疑問：爲什麽我們這個時代出現不了杰出人才？後來人們稱這個問題爲「錢學森之謎」。

要回答這些疑問不是件容易的事。與其迅速地囫圇地探尋，不如先多了解那些讓中國近代學術（應該包括人文科學和自然科學）史上閃耀着光輝的大師們的作品和自述，從而在腦海里盡量「復原」他們所處的環境和在那種環境下的心理路徑，從中或許可以得到一些啓示。

有一點是顯然的，這就是他們雖然都已遠離塵世而去，但是他們獨立思考的品性、求知治學的真誠、困厄窮愁中對節操的堅守，恐怕是他們共同的主觀因素，一直影響到現在，而且將會永遠留存下去。

就思想界、學術界而言，二十世紀上半葉是一個新説和舊説碰撞，中學和西學融匯的大時代。那時的學人極爲重視言行操守，同時具備現代知識分子的理想信念；他們的學術研究十分純净，絶少功利因素；他們的視界開闊，以包容的心態和嚴謹的風格造就了成果的大氣與厚重。至於在客觀因素一面，他們實際是在用工業化時代的事實解説着太史公所説的名山之作「大抵聖賢發憤之所爲作」，困厄苦難使得他們「皆意有所鬱結」。這種鬱結，幾乎和個人的名利毫無牽涉，他們永遠不能釋懷的，是民族的存亡、國運的興衰、民衆的福禍和文脈的續斷。

那個時代也是近代歷史上最大規模的中西古今學術調適、創新的時期，學術方法上的交互滲透和融合、創新亦可謂「於斯爲盛」。斯時之學人是要在封閉的屋墻上鑿出窗子的勇士，是使人能够看看外部世界的第一批導夫先路者；或者可以説，他們是在「意有所鬱結」時「彷徨」和「吶喊」的「狂人」。

相對於那時的哲人們，後來者是幸運兒。現在的形勢是，近三十年來學界空前繁榮，衆多學科有了長足之進，其中很重要的一點是學界有了更新穎、更廣闊的國際視野，似乎接續上了百年前的學壇盛事。但細想想，「古」與「今」還是有差别的。其异，主要不在於世界情勢、學術進展、工具改善這些客觀存在，而在於在廣泛吸收各國優長的同時，自身文化的主體性越來越受到重視，換言之，「拿來主義」已經延長了「拿來」的程序，加上了試用、甄别、篩選、吸收、融合、成長。就我孤陋所見，在當今地球上，面向所有異質文明，努力汲取我之所缺，其範圍之大和心態之切，似乎無出中國之右者。從這個角度説，我們已經超越了前輩。但是事情還有另外一面，學術，特别是人文學科，其職業化、「沙龍化」和功利性，以及隨之而來的浮躁病却嚴重了。從這個角度説，是不是我們已經後退得够可以的了？而這是不是我們這個時代出不了大師的原因之一呢？

民國學術界的特點之一是極爲注重對傳統的反省、批判與繼承。他們對傳統文化盡最大的努力進行整理和研究。一方面，由於戰亂頻仍，民不聊生，學者們擔起了讓中華文化薪火相傳的歷史責任；另一方面，他們要通過對中國傳統文化的整理、挖掘來重振民族自信心。這一時期對傳統文化進行整理的全面而深入是前所未有的，舉凡文字學、語言學、經濟學、法學、哲學、政治制度、書法繪畫、金石學……規模之宏大，研究之精微，令人嘆爲觀止。

民國學術推動了現代學科體系的建立。在對傳統文化整理和研究的基礎上，吸收西方的文化思想和理念，推動和建立了中國現代學科體系。例如，在對語言文字和音韻學成果進行整理、研究的基礎上開始着手規範之，建立了國語學；深入研究書法、國畫，將其融入了現代美術學科；在廢除舊有學制後逐步建立起小、中、大學較完整的科目和學科體系。

民國學術也改變了傳統學術方式，建立了新的研究範式。以現代科學考古爲發端，科研的實踐和成果使中國知識界真正認識到在實驗、比較基礎上的邏輯分析對學術研究的重要，推進了中國學術的一大演變。至於我們常説的打破士大夫傳統、走出書齋到田野鄉村和市民中進行調查研究、結束了經學時代、以歷史眼光檢視儒學和諸子等等，都是確立新學術範式的努力。這一轉變，也標誌着中國學術界脱胎换骨，全面進入了現代，爲此後的學術發展奠定了堅實的基礎。當然，西方啓蒙運動以來，在「現代性」和「現代化」裏潛伏着的缺陷和謬誤也傳到了中國，這些不能不在前哲的著作裏留下痕迹。這並不奇怪。類似的情況，古往今來孰能免之？猶如今天的我們，誰敢自稱我之所見就是永恒的真理？在這個問題上兩個時代所異者，或許就在昔時大家創立新説或譯註西學著作，往往是懷着對學術和前哲的敬畏而爲之，故而常常誤不在我；當今則往往出於對學問和他人的輕蔑，或以所研究的對象爲謀己的工具，因而難辭主觀之咎吧。翻閲他們的心血之作，這些復雜的狀況可以顯見，可以視之爲我們的一面鏡子。

滄海桑田，世事變幻，歷史的動盪和時代的遮蔽，使當年許多大師的一些極有價值的學術著作被棄於故紙堆中，不能不令人有遺珠之憾。爲此，山西人民出版社不惜以數年之艱辛，披沙瀝金，編輯出版這套近代名家散佚學術著作叢刊，凡一百二十册，計文學、史學、政治與法律、美學與文藝理論、民族風俗、宗教與哲學、經濟、語言文獻共八大類別。所選皆爲作者之純學術著作，無論是其見解、精神，抑或是其時代烙印，都是後輩學人可資借鑒的寶貴財富。他們出版這套叢書，意在讓世人不忘來程，知篳路藍縷之不易，爲民族文化的傳承再增薪木。

出版社的初衷，與我近年來所思所慮近似，故願略述淺見於書端，以與策劃者、編輯者和讀者共勉。

二〇一四年七月六日

改定於自安東回京途中

前言／二十世纪学术大厦散落的珍贵基石

◇李明君

二十世紀前期，注定是中國學術研究跨入現代科學發展風雲際會的時代，它基本上奠定了本世紀學術大厦的基礎。

進入二十一世紀後，當我們站在輝煌學術大厦的頂端，躊躇滿志地回眸近百年學術成果的時候，在大厦的上空，似乎迴旋着一種久已消逝的聲音；在大厦的背後，似乎散落着一些久已塵封的基石——它們，便是一些散佚的二十世紀前期的學術著作。這些在當時乃至後來都産生過重大影響的名家學術著作，一九四九年以後，基本上没有在大陸再版，因而逐漸沉没在忘卻的海洋裏。

七八十年之後，當我們拂去灰塵，重新審視這些散佚的學術著作時，才發現它們的價值是如此的珍貴，成果是如此的豐厚，研究是如此的深入，而傾注的情感又是那麽的深沉。重讀這些經典，仿佛是聆聽這些儒雅的學者給我們講述民國學術的蹉跎歲月，唤醒了我們久已淡忘的歷史記憶。

一、西學東漸與承前啓後

二十世紀前期，西風東漸，中西文化交流擴大，新知識、新觀念大量涌入我國。倡導科學精神與采用科學研究方法，不僅衝擊了中國原有的知識體系和思想觀念，更爲現代學術思想的更新和研究拓展了空間。

這一時期的學術研究集中地體現在繼承、清理傳統學術的「承續先哲將墜之業」和「開拓學術之區宇，補前修所未逮」（陳寅恪王静安先生遺書·序）兩個方面。學者們既是傳統學術的繼承者，又是現代學術的開拓者。

二、清理拓荒與學術奠基

辛亥革命之後，社會文明進步，文化教育普及，學術研究也力求使高深的學問向普及的大衆化知識轉化。故而，其時以基礎的和通論性的著作爲多見。

例如，邵鳴九的國音沿革六講、胡以魯的國語學草創、羅常培的國音字母演進史、吴貫因的中國文字之起源及變遷以及王力的漢字改革等即屬此類。

而論點集中的專題性論著，如王力的南北朝詩人用韵考、王光祈的中國詩詞曲之輕重律、白滌洲關中入聲之變化等，則以其研究深入和範疇擴展而更有價值。

這些學人以杰出的膽略、識見、才華，以及對本學科知識的通體了解，破除成見，大膽創新，開創了二十世紀學術發展的新局面。

三、學出多門與新式教育

這些學者們知識豐厚，見解獨到，憑藉着傳統文化的根底和新鋭的西方現代學術觀念，意氣風發地縱横文壇，在多個領域都有建樹。

他們大多具備深厚的國學修養：如夏敬觀爲清光緒年舉人，工詩善詞，兼治經學。盧冀野是曲學大師吴梅的門生，錢玄同爲國學大師章太炎的弟子。

而新式的學校教育和出國留學則直接學習西方科學的理論和方法，爲中國的學術研究注入了新的活力。

本編的作者們大多留學於歐美東洋，有過親炙現代學術導師和受現代學術訓練的經歷。如沈兼士、胡以魯、吳貫因等曾留學日本，王力留學法國，周傳儒有過英國劍橋、德國柏林大學的求學經歷，而王光祈則客居德國十多年，於政治經濟學與音樂學多有研究。

這些學者們歸國以後，或執教於高等學府教書育人，或投身於科研機構潛心工作，爲以後的著書立説進行知識的儲備。

本編中周傳儒、羅常培、顧實的著作即是在大學講義的基礎上創作的，白滌洲的關中入聲之變化也是在陝西關中四十二縣方言調查的基礎上撰成的。由於這些著作經過教學實踐和實地考察，因而研究成果扎實，學術含量深厚。

本編不少作者除音韵研究術有專攻之外：邵鳴九在傳統經學、幼兒教育、日本教育、地方行政教育、院校學科管理方面著述甚多；王光祈有音樂、戲劇、美術、國防、外交、政治方面的譯作論著幾十種；盧冀野於古代戲曲、詞曲、詩歌、小説、散曲、舊體詩等方面也著述豐厚。

民國學者知識廣博，師出多門，不囿一業，是一種非常普遍的現象。

四、資料功夫與科學解釋

王國維先生曾説：「古來新學問起，大都由於新發見。」（王國維最近二三十年中中國新發見之學問）掌握新資料，采用現代科學理論研究新問題，是二十世紀前期學術研究的鮮明特點。

民國初年，地不愛寶，考古新材料如殷墟甲骨、敦煌遺書、西陲簡牘相繼出現，爲現代學術研究提供了豐富的資料基礎。學者們充分利用考古新資料和西方現代音韵學研究的理論及方法，使語言文獻學的研究得到長足的發展。

例如，周傳儒的甲骨文字與殷商制度就利用了殷墟考古出土的甲骨文資料，魏建功的十韻彙編資料補並釋則利用了國内外的敦煌石窟、高昌古城發現的古韵書新資料。

而胡以魯采用現代人類學、心理學、生理學理論對語言的發生、變化以及口舌發音的科學解釋，王光祈將我國「平聲」之字與近代西洋語言之「重音」與古希臘文字之「長音」的比較，以及白滌洲采用幾十幅圖表反映關中方言入聲變化規律的研究，都令人耳目一新。

這些學者們在研究問題時采用的資料之豐富、理論之新穎、考察範圍之廣袤、考釋方法之縝密，都是傳統研究者所難以達到的。

五、良好的學術環境與端正的學術風氣

經過了六七十年的時空距離，我們似乎不得不承認一九二七年至一九三七年的這十年，雖然社會動盪、戰亂時起，但卻是中國學術發展環境、學者精神狀態與物質待遇都相對優越的年代。這十年間，中外學術交流頻繁，科學研究興盛，學術成果豐碩。本編作品，基本上都撰成或出版於這十年。

這期間學術研究的繁榮與發展主要表現在以下諸方面：

（一）前輩學者對新學者的推崇獎掖

民國初期，前輩學者對青年學子的獎掖成爲風氣：梁啓超就盛贊清華國學院學生王力的中國古文法爲「精思妙悟，可爲斯學辟一新途徑」。章太炎也稱譽胡以魯的新著爲「精微畢輸，黄中通理，其用心可謂周矣」（章炳麟國語學草創序）。而當時的胡以魯才僅僅是個留日歸國的本科學士。

（二）學術觀點表達自由，學術争論視爲雅事

學術争論是提高保持學術活力、學術質量，維護學術尊嚴的重要形式。學術争論提倡百家争鳴，以理服人。

學者周祖謨針對音韻學研究中固守舊説的現象，認爲「學者求知，貴得其真，豈可專己守殘，隨聲附和」（周祖謨古音有無上去二聲辨·字辨第五）。顧實也以「發明古籍之奧蘊，是正世儒之訛謬」（重考古今僞書考·蔣維喬序）的膽略，重考清代辨僞名著古今僞書考。

學者邵鳴九針對有人視唐代三十六字母與北宋廣韵爲金科玉律的觀點，風趣地説：從周到秦「若説這一千年之中，標準音一些也没有變，姬昌和嬴政竟可促膝而談，相説以解，恐怕没有這種情理」（邵鳴九國音沿革六講）。

那個時候，不僅學術評價實事求是，而且學者之間相互尊敬，有着良好的學術氛圍。

例如，沈兼士就「極爲感謝」李方桂、林語堂、魏建功等人對其「右文説」的專函討論，認爲「諸説均足訂補鄙見之不足」（沈兼士右文説在訓詁學上之沿革及推闡附識），體現了一種學人的雅量。

吴貫因針對拼音字母必將取代漢字的時論，力排衆議，認爲「全廢漢字，前途尚覺遼遠」（吴貫因中國文字之起源及變遷）。現代漢字發展證明他的預見是正確的。

（三）學風嚴謹，資料來源清楚

嚴謹的學風與註明資料來源，是學術品德高尚的表現。白滌洲在著作中附録的關中入聲變讀聲調譜部首索引，是自古以來傳統文獻所鮮見，而現代學術著作不可或缺的書籍檢索構成。

魏建功、邵鳴九、王力等學者在引用他人論述時，均説明來源，標明作者的時代、書名、篇章，對引文亦如實迻録，低兩格排印，以示鄭重。既不掠人之美，又無曲解原義。

（四）學風端正，著述言簡意賅

本文作者曾經統計了語言文字編的八九本著作的頁碼與字數：其中頁碼最多、書籍最厚者是胡以魯的國語學草創，一百四十七頁，頁碼最少，書籍最薄者爲王光祈的中國詩詞曲之輕重律僅四十一頁；而書籍字數最多者爲七萬三千多，最少者則不足二萬。

雖然這些書籍都很薄，但在撰寫中卻用力甚勤：學術內容豐厚，書籍章節完備，文字表述精準，毫無浮滑不實的繁言蔓詞和故作深奥的賣弄之嫌。

面對這些沉甸甸的精深之作，反觀時下動輒幾十萬言的「皇皇巨著」，學術水平的高下自然不難判斷。

六、憂患意識與書生報國

「位卑未敢忘憂國」這種偉大的愛國情懷，每當國家危難之時，無論在傳統文人還是在現代知識分子身上都表現得那麽深沉。

的確，在國難之時，挺身而出，積極參與，是一種非常可敬的愛國行爲。即如中國詩詞曲之輕重律的著者王光祈，就積極參加過四川的保路運動和北京的「五四」遊行，籌辦過「少年中國學會」，是一位熱情的社會活動家。廣中原音韵小令定格的著者盧冀野，抗戰期間創作的中興鼓吹曾分贈前綫將士，起到了鼓舞士氣的作用。

然而，就知識分子群體來説，絶大多數人則不可能奔赴疆場，那麽像明末清初的「易堂九子」那樣，「兄弟戚友保聚一地，相與從容講文論學於乾撼坤岌之際」（陳寅恪贈蔣秉南序），就是一種更爲深重地延續文脈、保存國粹的愛國行爲。即如抗戰期間的西南聯大、中央研究院的學者們，在艱苦的條件下，或考察研究，或教學著述，無疑是一種文人的報國方式。

學者王力就將做學問與抗戰聯繫起來，他説：「前方將士正在浴血苦戰的時候，我們這班文人還安享着國家的俸給，清夜捫心，實在慚愧。若對於國家當前的問題，也不肯本平日所學，貢獻所知，則國家養士何用？」（王力漢字改革·自序）知識分子的愛國真情表露無遺。

而像劉半農那樣在考察方言途中染病逝世，像白滌洲那樣，在家中連喪五位親人之後還忍痛遠赴西北進行考察，不久也因病而逝的報國行爲，就更加感人至深，令人嘘唏。

書生報國，鞠躬盡瘁，死而無悔，是那一代知識分子共同的情操。

七、結集出版與刊物發表

出版印刷的興盛爲二十世紀前期的學術繁榮做出了突出的貢獻。民國時期許多優秀的學者如張元濟、高夢旦、王雲五等相繼入主出版，更多的學者如胡適、胡愈之、沈雁冰、葉聖陶等參與編輯。他們氣度豁達，慧眼識珠，出版專著，創辦刊物，編纂文庫，結集叢書，使許多學術新見解和研究新成果得到了及時、多元的表達，加速了學術研究的發展與傳播。

本編的著作大多初版即爲專著。也有一些學者如沈兼士、王力、周祖謨、白滌洲等的著述卻是先發表於刊物，後來才抽印成專著的。這些抽印本有過學術討論的積澱，水平自然可嘉。

二十世紀初，雖然白話文與新式標點曾遭到激烈反對，但它們還是以明了通暢的形式佔據了民國文本形式的主流。本編的作者們大都能較熟練地運用白話文進行寫作，有時「因欲與引证文字相符合」，而不得已采用文言文時還特地加以説明（邵鳴九國語學沿革六講·例言）。這種爲讀者着想的方法無疑促進了中國學術由高深奥妙向大衆「公器」的轉變。

民國書刊的排列雖因時代新舊交替而横、竪并存，但統一采用新式標點符號，則是學者們引領潮流，與時俱進思想的表現。

撫今追昔，當我們掀開這些泛黄的書頁，看着似曾相識的繁體字，竟萌生出一種撫摸民國學術體温的感動。

他們的貢獻無愧於那個時代，他們的著作堪稱爲學術經典。

是以爲序。

二〇一四年五月十五日於三亞學院

作者簡介

王力（一九〇〇年—一九八六年），廣西壯族自治區博白縣人，字了一。中國語言學家、教育家、翻譯家，中國現代語言學奠基人之一，北京大學中文系一級教授。曾兼任國家語言文字工作委員會顧問，中國語言學會名譽會長，中國音韻學研究會名譽會長，中國大百科全書總編輯委員會委員。六十年來，王力一直從事語言科學的教學和研究工作，爲發展中國語言科學、培養語言學專門人才作出了重要的貢獻。

自序

漢字改革問題，在某一些觀點上看來，乃是政治上的問題；我對於政治素來沒有興趣，似乎是不配來參加討論的。不過，漢字改革的本身雖是一種政策，而漢字的優劣及改革後的結果，都屬於語言學的範圍。語言學者可以把它當做一個科學問題去討論，闡明了改革與不改革所產生的必然結果，讓政治家去討論它應否實施。因此，當陳之邁先生約我撰稿的時候，我就慨然答應了。

陳先生的信裏說：

「藝文叢書的意思在將中國的問題一一加以相當詳細的討論，以期將其複雜性提示出來，以喚起一班青年，澈底了解中國的改造不在口號標語，而在實事求是的建設，不在浮囂而在實幹。吾人認爲達到此目的的方法，在用簡明流暢之文字，將中國各方面之問題及具體事實作一種系統的敍述。」

這話與我的意見相同，使我不能不爲他撰稿。單拿漢字改革來說：贊成的就說中國人讀了幾年書還不會應用文字，以致文盲太多，如果改爲拼音文字，文盲就可以消滅了，學習新文字只要一兩個禮拜就會寫會讀了；反對的就說漢字有幾千年的歷史，爲中國文化的結晶，我們不忍看見中國未亡而文字先亡，所以漢字有保存之必要。這種說法，無論贊成或反對，都是把問題看得太簡單，沒有把它的複雜性提示出來；因此，大家都覺得事情容易辦。其實，只要肯多費心想一想，就會覺得改革與不改革各有利弊，而利弊所關不僅在文字的本身。所以這一個被別人說得很簡單很容易的問題，一到我的手裏便千頭萬緒，難於應付。我實在也只能做到陳先生所說的：「將問題及具體事實作系統的敍述，注重提出問題而不在具體建設。」

在本書裏，我固然沒有替「存文派」辯護，但也沒有替改革派作積極的宣傳。因爲宣傳的口氣越多，科學的態度就越不夠。凡是宣傳，就不免對於不利的事實有所掩飾，同時對於有利的事實有所誇張。掩飾與誇張，都會失了科學的眞理。我因爲把這問題的政治方面撇開，不當它一種政策看待，自然也用不着掩飾與誇張：這是本書的特色。素來沒有政治興趣的人來談漢字改革，其缺點在此，其優點也在此。

前方將士正在浴血苦戰的時候，我們這班文人還安享着國家的俸給，淸夜捫心，實在慚愧。若對於國家當前的問題，也不肯本平日所學，貢獻所知，則國家養士何用？兩年前，我在獨立評論上說過：「說良心話，是我們的責任；聽與不聽，是社會的自由。」這一本小册子也就是責任心督促出來的；我希望大家對於這問題的複雜性加以注意，此外就不敢有什麼奢望了。

廿七年七月廿三日王了一序於桂林。

目次

第一章　總論……一
第一節　漢字的優點與缺點……一
第二節　漢字與文盲……七
第三節　漢字改革的利弊……一一
第四節　漢字改革的可能性……一九
第二章　拼音字所引起的問題……二八
第五節　方言問題……二八
第六節　聲調問題……四三
第七節　音標的選擇……四七
第三章　改革的方案(上)……五四
第八節　簡體字……五四

第九節　新形聲字……五八
第十節　唯聲字與複音字……六三
第十一節　注音字母與注音漢字……六七
第十二節　自創的拼音字母……七〇
第十三節　國語羅馬字……七三
第四章　改革的方案(下)……七八
第十四節　區際羅馬字與文言羅馬字……七八
第十五節　中國話寫法拉丁化……八九
第十六節　著者的方案……九三
結論——漢字的將來……一一四

漢字改革

第一章 總論

第一節 漢字的優點與缺點

要知道漢字應否改革，須先知道它的優點與缺點。關於優點，依最普通的說法，漢字爲尙形的文字，不因語音的變遷而影響及於字形，所以我們可以讀二千年以前的書，而不感覺認字上的困難。假使漢字是純粹的拼音文字，恐怕三百年以前的書已經不容易看得懂，不要說千年或二千年以前了。再者，現在各地的方言很複雜，若用純粹拼音的文字，勢必使方言不同的人沒法子傳達思想，倒不如保存這種尙形的文字，使語言極不統一的國家還有文字可以補償缺憾。依照抱着這種主張的人看來，漢字實是傳久傳遠的良好工具，我們不該毀滅它。

但是，這種說法太空泛了，我們應該把問題看得更透徹些。文字是代表概念的（註一），必須文字與概念黏合，然後文字才能發生功用。假使文字不代表概念，它只好比偶然潑在紙上的墨汁，又假使文字所代表的概念不爲我們所知，那麼它對於我們仍舊像潑在紙上的墨汁。我們對於二千年前的文字，看去像是很熟識，讀起音來似乎也不十分困難，然而我們若不是講究過「訓詁」的，對於很「淺」的字也會不知道它所代表的確實概念。這樣，至多只能像從來不曾讀過日文的人看見日本報紙上的「子供」，「手形」之類，望文生義，瞎猜而已。學者們之所以能讀幾千年前的古書，並非漢字的功勞，乃是他們精研「小學」所致。一般大衆沒有時間去講究「訓詁」，對於古書自然無緣，與漢字之毀滅與否，毫無關係。

如果拿西洋的文字來比較，現代的英國人沒有詞典就讀不懂十四世紀喬叟（Chaucer）的英文，而現代的中國人還可以讀得懂十一世紀歐陽修蘇軾或更古的人的文章，似乎又是尚形文字的好處了。其實不然；這也該歸功於中國文人不肯用俗語，競用古人的辭彙。這種中古辭彙相沿至今，所以好懂。試拿元朝的白話碑文及御批來看，就比司馬遷的文章還更難懂了。可見這上頭仍是辭彙的關係，也並非漢字的功勞。

若說漢字可使方音不同的人互相傳達思想，這比之傳久的說法強得多了。最淺的例子是南方人遇着北方人，言語不通的時候，可以利用文字來表達他們的意思。所謂利用文字，並不一定要乞靈於文言文，就是用「普通話」寫下來的白話文，幾乎全國人都看得懂。這因爲方言辭彙的差異沒有古今辭彙的差異來得大，而且「普通話」靠着通俗小說的傳播，與數百年來政府的提倡，已成爲各地方言以外的一種輔助語（Auxiliary language），它的辭彙差不多爲全國人所了解。上文「偶然潑在紙上的墨汁」的譬喩，不再適用於以普通話寫成的白話文。不過，這種白話文必須是用漢字寫成的，然後全國能懂；若用拼音文字，因爲方音的隔閡，甲方言區的人却又不能看懂乙方言區的文字了。

漢字憑什麼能有這種功效呢？依一般的見解，也說因爲漢字是尙形的。我們閱書看報，都是由文字直接引起我們的概念，用不着語音做媒介。方音的隔閡只能使同國的人言語不通；漢字是超語音的，所以不受方音隔閡的影響。然而這也是似是而非的論調。先說，我們閱書看報都離不了語音。有些人看小說，看佈告，都是連看帶唸的；不唸，就看不下去。我們普通閱書看報，雖然不必唸出聲音來，但我們心裏在默唸着。換句話說，文字必須先經過語音（顯明的或潛在的）的媒介，然後能引起我們的概念，與圖畫之直接引起我們的美感者絕不相同。由此看來，漢字的作用仍是尙音，只不過它與西洋文字的拼音作用不能相提並論能了。普通一個形聲字，它的音符可以叫做「代數式的音符」。例如「其」，在北平人看去是〔tɕʻi〕，在上海人看去是〔dʑʻi〕，在廣州人看去是〔kʻei〕，於是從「其」得聲的「棋旗祺淇期」等字，在北平人看去也是〔tɕʻi〕，在上海人看去也是〔dʑʻi〕，在廣州人看去也是〔kʻei〕。「其」字的語音雖是隨着方言區域而不同，但若在同一區域內，它的聲音與從它得聲的字的聲音却是一致的。這好像代數中的x與y：在甲公式中x可以代5，y可以代8，在乙公式中x可以代3，y可以代5。至於例外的字（如「箕」從「其」聲，而「箕」「其」不同音），則可以稱爲變音（如從「其」得聲之字有「箕」音，我們可以說它「遇竹則變」）。然而變音也是各地一律的，並非甲地唸變音而乙地不變。總之，漢字雖係尙音，而仍不爲方音所隔閡者，是因爲有這種代數式的音符（連「日」「月」等字也可以認爲代數式的音符，只有文字學家說它們是象形字）。只可惜變音太多，同價値的音符又太多，在認識上頗感困難罷了。

反對漢字的人並不否認這種優點，但他們以爲它敵不過那「難認難寫」的缺點。依我們看來，認還容易，寫最困難。古人所謂六書，轉注假借是用字之法，不算數；象形是具體的意符，指事是抽象的意符，會意是合體的意符，形聲是意符與音符的合體。歸納起來，只有兩大類：（一）純粹的意符（象形，指事，會意）；（二）標音的意符（形聲）。現存的漢字當中，標音的意符約佔十分之九以上，然而它們的意符與音符却沒有一定的標準。同屬於一個範疇的字，不一定用同一的意符（如「歌」從「欠」而「詠」從「言」）；同屬於一個語音的字，不一定用同一的音符（如「愚」從「禺」而「娛」從「吳」）。甚至同是一字，也可以有兩種以上的形式：其意符紛歧者，如箋牋，嬾懶，誤悞；其音符紛歧者，如蹏蹄，螘蟻，糧粮。然而這種紛歧的特許也只是約定俗成，並非每個字都可以亂寫。例如現在我們把「歌」寫作「謌」雖然可以，把「詠」寫作「𣢾」却絕對不爲一般人所承認。此外漢字難寫還有個最大原因，就是字的成份太複雜，配合的方式太多（註二）。例如「龜」字裏面的龟與𤕰實在是很奇怪的結合，在別的字裏找不出來的。

由於時代的變遷，字義發生變化，以致意符不象意符（據說文：散，雜肉也，故從肉，今

「散」字不作「雜肉」解）；字音發生變化，以致音符不像音符（「特」從「寺」聲，今「特」「寺」的聲音相差甚遠）。這類的事實越來越多，所以一般人學習文字的困難也跟着時代而進展。固然，我們在這裏要說句公道話。意符，西洋文字裏沒有，姑且不談；若說音符不像音符，這是歷史所造成的事實，西洋各國的文字也難免這個缺點。愛爾蘭文的 Saoghal, Oidhche, Cathughadh, 唸起來只像 sil, i, Cahu; 英文的 enough, knight wrought, 唸起來只像 inaf, nait, rot; 法語裏的〔O〕音，在文字上有五十餘種的寫法！可見這並不是漢字特有的缺點。但是，缺點終是缺點，我們不能因爲西洋文字也有這種情形而說漢字沒有缺點。

文字學家會告訴我們許多道理，與識字的祕訣。然而他們所謂道理，是把許多不合理的寫法歸罪於「隸變」，於是教我們先學篆文。他們所謂識字的祕訣，是教我們研究古義，以便了解意符，研究古音，以便了解音符。這些乃是文字學家終身的事業，却輕輕地放在大衆的肩上！文字學家所謂「祕訣」，等於教饑民「食肉糜」！而漢字之難學，仍是公認的事實。

* * * * *

我曾在獨立評論上說過，最難學的語言並不一定是最壞的語言，最難學的文字也不一定是最壞的文字。文字的功用在乎表達思想，而漢字表達思想的能力並不比別種文字差些。儘管怎樣豐富複雜的思想，漢字也能表達；新名詞，新術語，都可以用漢字組合而給予它一種新涵義。固然，以漢字翻譯西洋語音，總不免有極勉強的地方，然而這不是漢字本身的缺陷，而是翻譯上不可避免的現象。以西文翻譯中國語音，困難是一樣的。然而法國人儘管把 Changhai（上海）唸像廣州音的「霜雞」，却從來不曾嫌法文不能確切地翻譯中國語音，更休說情願把法文改成漢字了。

難認難寫，這是花費時間多少的問題，假使我們喜歡漢字的任一特色（如帶意符以表示概念的範疇，或書法的藝術化），甘心多費一些時間去學習它，未嘗不可以推崇它，認為世上最優美的文字。譬如最難爬的一棵樹，它的果子並不一定是最不好吃的。只因難認難寫就怪漢字不好，這完全是一種功利主義。

* * * *

然而在這時代誰還能反對功利主義！當今的急務是把全國的文化水準提高，是在乎用最有效的方法把現代文化灌輸到每一個國民的腦子裏。自全面抗戰以後，文字為宣傳的主要工具，更令人感覺漢字的難學或易學，關係及於抗戰的前途。如果漢字是難學的，那怕有一百個優點，也為功利派所排斥；如果有另一種文字比漢字更容易學習，那怕有一百個缺點，也該為功利派所歡迎。由此看來，漢字的優劣，應該純然以易學或難學為判斷的標準。上文說過，難字是難認難寫的，自然怪不得有人提倡改革了。

改革的方案雖很多，然而可分為兩大派別：甲派主張改良代數式的音符（如新形聲字，簡體字等）；乙派主張改用有定價值的音標（如國語羅馬字，漢字拉丁化等）。關於方案的優劣。等到第三四兩章再談。但我們先該知道，甲派用意在乎保存漢字原有的優點——全國通行無阻；乙派用意在乎純然拼音，減省學習的困難至於最低限度。此外當然別有用意，但那些用意是隨着方案而不同的，這裏不能詳談。

總而言之。從學習的難易上看來，漢字是有缺點的。然而它的缺點所生的弊病及其嚴重性，到了什麼程度呢？這就是下節所要討論的了。

第二節 漢字與文盲

人們因爲中國人的文化水準太低，就歸罪於文盲太多；因爲文盲太多，就歸罪於漢字的難認難寫。其實問題決不會是這樣簡單的。

文盲並不是完全沒有機會接受現代的文化。例如電影，幻燈，漫畫與話劇的宣傳，村民大會的演講，都是利用語言與影像的，並不一定需要文字的幫助。試問我們政府對於這種非文字的宣傳工作，是否盡了最大的努力？可見中國人文化水準之低，自有其他的原因；文盲太多，只是許多原因中之一種能了。

然而我們決不能藉口於此，就不想法子去救濟文盲。文字對於文化的宣傳，確是比非文字的宣傳更便利，更經濟。假使我們能把文盲逐漸減少至全國人民百分之十以下，我們可以想像那時的中國是怎樣一個興盛的國家。

不過文盲之多，是否可以完全歸罪於漢字的難認難寫呢？我們對於這問題，可以堅決地作否定的答覆，文盲之多，自有其最大的原因，就是教育不能普及。假使我們不想法子普及教育，縱使漢字怎樣改革，也與一般民衆不發生關係。教育之不能普及，自然農村經濟破產是一個主要的原因。你叫他們讀書，他們的答覆是「我們吃飯要緊」。這個問題，不在本書範圍之內，我們不想詳加討論。我們所可斷言的，就是假使兒童能有機會受四年以上的教育，或成年的民衆能補受一年以上的業餘教育，那怕漢字永遠是現在的漢字，他們也決不會是文盲。漢字決不像反對漢字的人們所說的那樣難認難寫。這是我們應該替漢字呼寃的。

先說「難認」罷。所謂「認」，應該指唸得出它的聲音，與懂得它的意義而言。有些字，如果唸的聲音不對，同時就不懂它的意義；也可以倒過來說，如果不懂得意義，對於它的聲音也就不會唸，例如「牛」「馬」「雞」「狗」等日常應用的字，都是屬於這一類的。另有些字，唸的聲音儘管不對，意義仍舊可以懂得。例如「會計」的「會」該唸像「檜」音，而誤唸像「開會」的「會」；但是許多人都不會因爲唸錯了聲音就不懂它的意義。這樣的誤讀，在文字學上當然以爲是不識字；但我們若從實用上說起來，文字的意義已經懂得，就算是識字了。所以我們如果要知道漢字是否難認，只該在文字的形式與概念的聯繫上去觀察它。

上章所說漢字的成分太複雜，配合的形式太多，這都只是難寫的原因，不是難認的原因。我們普通認字，只是認得一個輪廓，就接着看第二個字。假使每逢一個字都按照一筆一畫去辨認，看千字以上的佈告，豈不是要站上兩個鐘頭？譬如認一個「漢」字，我們只須認左邊的三點水，右邊像一個很長的兩脚架子，就知道它是「漢」字了。

有人說，漢字的難認在乎沒有系統，得零零碎碎地認，認一個是一個。這自然是真的。但是，幸虧普通常用的字並不很多，大約只用得着二三千字。這是單音字的好處，因爲複音的詞都可用單音字湊合而成，所以常用的字數比英法諸國文字較少，假定成年的文盲每天能認十個字（註三），一年之間就把常用的字都認識了。至於現在的小學畢業生，除了各種功課之外，也沒有一個不能認識二三千字的。

我們也承認，現在有許多文字宣傳品是民衆所不懂，或不大了解的；然而這只是辭彙上的問題，不是漢字本身的問題。我們生活在智識社會裏，往往不知道一般大衆的理解力能到什麼限度，隨意地把譯自西文的名詞或採自古書的成語，硬塞進他們的腦子裏去，自然難怪他們不懂了。例如「帝國主義」一個名詞，在我們是成了口頭禪了，而在一般農民看來，「主義」已經很不容易懂得，因爲土話的辭彙裏沒有它；至於「帝國主義」更非農民所能望文生義，因爲從「帝國」二字悟不出很明顯的意思來。又如「傀儡」一個名詞，是從文言的辭彙裏借來用的，現在我們若說「北平的傀儡政府」，他們也是莫名其妙。這種話，非但用任何易認的文字寫出來他們不懂，就是親口對他們說也不能令他們了解。如果我們認定這一類的名詞是必須大衆了解的，就該先設法灌輸到他們的辭彙裏去；否則不妨拐個大灣，用土話裏所有的辭彙，或極淺近的普通話，勉強地翻譯出我們所要說的意思。現在兩種工作都沒有做，却埋怨到漢字的身上來，這簡直變了「遷怒」了。

所以我們必須把那寫成的宣傳品先唸給一個不識字的普通農民聽，看他能完全聽懂了，然後拿它去給一個曾受一年的業餘教育的農民看，如果看不懂，我們才有權利去埋怨到漢字的缺點。

現在再說「難寫」罷。上文說過，漢字認還容易，寫最困難。其所以難寫的原因，上文也已經敍述清楚。我們試看現在的大學生，讀了十二年以上的書，筆下仍不免有錯字，就可以證明漢字難寫到什麼程度了。但是我們曉得，大衆的接受文化，如果是以文字爲媒介的，就完全是從書報上得來，只要會認字就够了，不會寫字也沒有多大關係。何況他們決不至於不會寫字！上文所謂難寫，意思是說很難依照字典所載的形式，把漢字寫得完全沒有錯誤。其實，普通人認爲錯字的，大多數仍是沒有失掉表達意思的效用。譬如把某字胡亂增加或減少了筆畫（如「宰」字該從「辛」而誤從「幸」，「達」字該從「土」從「羊」，而誤從「幸」；「含」字該從「今」而誤從「令」；「冷」字該從「令」而誤從「今」），或把同音的字隨便代替（即所謂別字）除非增減得離開原形太遠，或同音的字在讀者唸去也覺得不同音，否則我們絕對不會不了解他所表達的意思。文字原只是表達思想的一種符號，思想表達了之後，寫者的目的已完全達到；讀者的挑剔或嘲笑，只是寫者違反讀者習慣所引起的一種不關痛癢的反響。由此看來，漢字若要寫得不錯雖然很難，若求其僅能達意，並不是十分困難的事。

總之，我們如果把辭彙上的障礙除開了，又不拿「小學家」的眼光來苛責一般民衆，漢字難認難寫的程度就會降低了幾十倍。既不從經濟上設法普及教育，又不從辭彙上設法與大衆的語言接近，只管咬定漢字難學是文盲衆多的唯一原因，這是絕大的謬誤。我們雖相對地贊成漢字改革，然而這種違心之論，乃是我們所不願意說出口的。

* * * * *

我們說了以上這一大段的話，無非要給漢字洗刷造成文盲的「主犯」的罪名，並不想說它連「從犯」的罪也沒有。我們雖以爲學習漢字的困難程度，不像有些人所誇張的那樣高，但我們始終不會否認它是難認難寫的。中國文盲之多，漢字難學雖不是唯一的原因，卻也是原因之一。假使我們能改革漢字，把兒童學習本國文字的時間由四年減爲一年，成年的文盲由一年減爲二三個月，加以從經濟上設法普及教育，從辭彙上設法與大衆的語言接近，其效力必比沒有改革漢字的時候更大幾倍，而文盲也可以多消滅幾倍。數十年來，漢字改革論者的大聲疾呼，並不是無病呻吟。有時候把它罵得格外兇些，這恰像爲了一件事要攻擊某人下台，就索性數他的十大罪惡。這也是人情之常，沒有什麼可怪的。我們不能因此就說漢字不該改革。

第三節　漢字改革的利弊

由上文看來，漢字改革的利益是顯然的。我們既經證明了漢字的難認難寫，自然會趨向於尋求更易認更易寫的一種文字來代替它。如果代替的文字眞的容易學習，非但中國文盲可以逐漸減少，而且普通學生少花一分光陰去學習漢字，就可以多花一分光陰去做學問。道理明顯到了這地步，自然用不着多加論據了。

提倡拼音文字的人以爲漢字拼音化之後（註四），非但容易學習，而且有言文一致的好處。這裏所謂言文一致，是指語音與文字符合而言。各地土話裏，有許多詞兒不是漢字所能代表的，若用拼音文字，就可以免除這種困難。即以漢字所能代表的而論，也是拼音文字比較地能表現得更確切；因爲語言本是聲音所構成，文字既爲代替語言而設，最好就是把聲音記錄下來。拼音文字代替了漢字之後，我們說出什麼聲音就寫下來什麼聲音，文字的功用等於無線電收音機，當然更能給予我們親切的印象了。

反對拼音文字的人則以爲言文一致只是暫時的，經不起歷史的摧毀。英法文字在造字之初，何嘗不是最有系統，最忠實的記錄？然而現代的英法文字拼音系統這樣紊亂，竟至引起改造的聲浪了。

這兩說誰是誰非，都不值得我們詳細討論；因爲這是比較枝節的問題。有了容易學習的利益，就把這種枝節的問題都遮蓋住了。

此外，在國粹論者的眼光看來，漢字改革簡直是有百弊而無一利的。尤其是對於羅馬字深惡痛絕，感慨的人說「國未亡而文字先亡」；嘲笑的人說「等到我國像安南那樣亡國之後，自然有人替我們造一套」。我們沒法子說服這一派的人，因爲他們的成見是很深的。但是有些青年也不免懷疑：在這提倡民族意識的時候，該不該把富有民族特色的漢字滅掉？其實我們須知，最能代表我們的民族特色者，乃是我們的語言。不是我們的文字。漢字改革之後，漢語的特色並不因此而稍變。譬如說漢語富於分析性，決不會因爲漢字改革就變了「綜合語」。安南之可悲，並不在乎有一套用羅馬字拼音的安南新字，而在乎安南語言本身漸趨衰落，幾乎給法語代替了。將來我們的民族興盛起來，非但漢語不至於衰落，還可以借羅馬字的力量使全世界的人們都容易學習漢語。「分析語」並不像從前的語言學家所排斥：它非但不是未進化的族語，而且該是最進步的語言模型；誰也不敢斷定沒有那麼一天，漢語隨着漢族的興隆而擴大其應用區域。由此看來，國粹論者倒反應該贊成漢字改革了。

但是現在擺在我們跟前有三個很大的難題，倒是值得我們鄭重考慮的。第一，是歷代書籍的處置問題。沒有一個人敢說，漢字改革之後，原有的書籍是應該完全燒掉的。最簡單的答復就是讓學者們去研究漢字，像西洋學者們研究拉丁文字一般；普通民衆儘可以與古書絕緣，簡單的歷史與故事自然有新文字編成的書籍給他們唸。但是說這種話的人忘了由拉丁文到現代的法意英文只是字式的變遷，而由漢字到拼音新字乃是字體上的澈底改革（註五）。單就法文而論，examen, est, extra, primo 等字與拉丁文完全相同，姑且不說；就是 excuser 之與 excusare, inversion之與inversio, main之與manus, pension之與pensio, presser之與pressum, soldat之與soldato, vertu之與virtus, pilote之與piloto，何嘗不是與拉丁文大同小異？這種大同小異的例子極多，法文大部份的字都是與拉丁文極相近似的。總之，法英意等國既然沿用拉丁字母，卽使字音或拼法差得頗遠（例如英文），在文字的習慣上仍是很相接近的。非但拉丁文不能與被廢後的漢文相比，連希臘文也不能比，這因爲從希臘文到現在的西洋文字雖然經過很大的變化，連字母也有一部分不相同，然而拼音的習慣是差不多的。我們如果廢除漢字而以羅馬字代替，乃是從囫圇的形聲字轉到拼音，從直行變爲橫行，從方塊變爲曲線，其變化之大，比之從甲骨文變到現代的漢字還更大百倍。我們試想想看，漢字被廢之後，再過數十年，認識漢字的人，會像現代認識甲骨文的人那樣少，甚或更少，那麽，我們的史料憑誰整理？到那時候，我們的文化豈不是與前代的文化打成兩橛了嗎？

另外一個可能的答案就是把中國原有的書籍完全譯成新漢字，或至少把重要的翻譯下來，使中等以上學校的學生能有間接閱讀古書的機會，這在理論上不失爲正當之辦法，只是實行起來會遇着很大的困難。中國古書之繁多，眞所謂「浩如煙埃」，非但全部翻譯是絕對不可能的，就是說揀重要的書翻譯罷，以每年每人能翻一册計算，恐怕得要請幾千個人擔任這種工作。假使只請十來個學者擔任，那只好等待一百年後才能完成；在這一百年的等待期間內，學生們難免無書可讀的痛苦。這種工作之所以困難，不在乎文字本身的直譯，而在乎以現行的大衆語言去翻譯高古的文言。文字上的隔閡還小，辭彙上的隔閡最多。我們可以逆料用新漢字翻譯中國古書要比翻譯現代的西洋書籍更難懂。六朝以後的書也許可以逐字翻譯，漢以前的書就只能譯出大意。譯得錯不錯，還是很大的疑問。實施漢字改革以前，我們應該用極愼重的態度去考慮這一個很嚴重的問題。

第二，是語言的選擇問題。新漢字所代表的，應該是一種新漢語；新漢語非但不是士大夫的口語，同時也該不是現代中國農民的口語。就理論上說，中國農民佔全民的大多數，新漢字所寫下來的應該是他們的語言，然後他們看得懂。大多數人民看得懂的文字，才是我們所需要的文字。但是，不幸得很，農民的語言實在太貧乏了：它沒有表達現代思想的辭彙，也沒有縝密的語法。我們如果完全採用農民的口語作爲新漢語，再根據新漢語寫成新漢字，那末，寫下來的文章一定淺薄，含糊，造成了退步的文化。

現代語體文的辭彙，不知不覺地造成了中國文言辭彙與西洋辭彙的合流。看慣了西書的人閱讀現代的雜誌（尤其是談論國際情勢的文章），往往在文章上看得很流利。很滿意。這因爲差不多每一個詞兒都反映出西洋的辭彙來，適合了他們的習慣。西洋辭彙爲什麼可以用中國文言翻譯而不能用農民的口語翻譯呢？這因爲文言是死的語言，詞兒又是單音的，如果併合兩詞爲一詞，而給予它一種新的涵義，恰像用希臘拉丁的已死辭彙改造成爲西洋的新術語，比之用現代口語翻譯容易得多了。可惜這種辭彙非但不合於農民的口語，而且不合於士大夫的口語；

全中國沒有一個人會說這種話，有人叫它做「新文言」，一點兒也不錯。

老實說，現行的語體文完全倚靠漢字而生存；反過來說，也只有漢字能寫現行的語體文，拼音文字決不能勝任愉快。假使把它用拼音文字寫出，而讀者能看得懂，就因爲讀者腦子裏先把它仍舊翻譯成爲漢字，然後去了解它。假使把它唸出來，而聽者能聽得懂，就因爲聽者看慣或寫慣了這一類的「語體文」，他的「聽像」(image auditive)與平日讀寫的習慣相適合。總之，假使現在就使語體文與漢字完全脫離關係，那麼，新漢字所寫成的語體文會比漢字所寫成的文言文更難懂十倍。這樣的文字改革，豈不是有損無益嗎？

說到語法方面（註六），語體文的語法也是與農民的語法大不相同。本來，一般士大夫的語法就與農民的語法不一樣：「雖然」「如果」「否則」「縱使」一類的關係詞，在農民口語裏是沒有的；在某一些方言中，連價值相等的虛字也沒有。近十餘年來，學者們不知不覺地受了西洋語法的影響，在報紙雜誌上，非但語體文總多少不免有幾分歐化，連文言文也往往不能完全符合中國原有的語法。辭彙的差異與語法的差異併合起來，越發使一般民衆沒法子與現代的報紙雜誌接近。現在用漢字印刷，有時候還可以望文生義；如果改用新字，更使大衆與報紙雜誌絕緣了。

我們現在眞是所謂「徘徊歧路」：如果我們仍舊寫這種語體文，就只好沿用漢字。非但像「涵義」「術語」這一類從翻譯而來的字眼，或像「徘徊」「周旋」「傀儡」「肉搏」這一類從文言借來的成語，用拼音文字寫出後，不會爲民衆所了解；就是那些爲行文的便利而創造的複音詞，如「差異」，「終結」，「開始」，「書寫」，也不能卽刻搬到新字所寫的文章裏去，否則非但農民看起來茫然不知所謂，連我們也得費心去猜想半天。反過來說，如果我們爲了遷就新字而完全利用農民口語，懂是容易懂得多了，因爲拼音文字正是爲這種活潑潑的語言而設的；然而這種淺薄含糊的語言，如果不經過鍛鍊，就只能作家常談話之用，不能表達豐富而縝密的思想。由此看來，用現行的語體文既不行，用農民的口語又不行，兩條路都走不通，豈不是只好沿用漢字嗎？

補救的辦法不是沒有，只是需要很長的時間。第一步要促進新辭彙與新語法的普遍化與統一化，不像現在每一個人都可以隨意製造複音詞，弄成一種極紛歧的現象（如「差異」與「差別」「殊異」，「終結」與「終了」）；第二步，要促進語體文的辭彙語法「口語化」；第三步，要促進知識社會的辭彙語法與大衆的辭彙語法合流　不過，無論如何促進，決不是短期間所能成功的。尤其是第三步，最不容易成功。然而我們如果希望改革漢字，同時也應該希望這三步都能完全達到目的。總之，我們必須先有了新漢語（指辭彙語法而言，語音猶在其次），然後可用新漢字（指拼音文字）；否則在這辭彙語法亂七八糟的情形之下，新漢字倒反成了害人的東西。

第三，是新舊交替的問題。儘管新漢字怎樣盡善盡美，中國識字的人們已經與現行的漢字結了「不解緣」。如果一旦把漢字廢掉，公文報紙佈告雜誌書籍之類一律改用新字，原來識字的人們。都變了文盲，只好再來學習新字。且休說一個人要兩度學習本國文字是一件很討厭的事情，單說習慣的改革，也是極端困難的。號稱難認難寫的漢字，在已經識字的人的心目中，非但困難的印象早已模糊了，而且產生了無限的感情。在他們看來，漢字與漢語，一般地是他們不可一刻分離的東西。尤其是智識社會的人們對於漢字是那樣熟習，竟常常把思想語言文字三者混而爲一，正像語言學家 Vendryes 所說：「在今日，我們絕對不能離開文字的形式而運用思想」（Le Langage, p. 400）。假使一旦叫他們離開漢字，就會「如魚失水」。他們雖也能勉強學會了新字，然而用新字寫起文章來，總覺得處處受束縛，不像漢字來得痛快；讀起新字的文章來也總覺得非常不合胃口。提倡改革的人會說：「在這過渡時代，只好大家吃苦些，等到我們的兒子或孫子就好了，他們不會再受漢字的枷鎖，我們吃苦也甘心了。」話是不錯的，可惜中國人不見得個個都有這種犧牲的精神。

以上所述的三大難題，如果有法子把它們好好地解決，漢字改革就是有利的，否則利未見而弊先來。固然，現在主張漢字改革的人，大多數不主張立即把漢字廢掉，這樣，三大難題都可以不致發生，尤其是第一第三兩問題都可以暫時作爲懸案。但是，對於這一點，我比一般改革派還更左些；我認爲漢字一日不廢，則新字一日不能取得代替漢字的資格，而所謂改革只是一場熱鬧，終於煙消雲散而已。所以這裏的三大難題仍是改革派所應該鄭重考慮的。

第四節　漢字改革的可能性

漢字改革運動，自清末至今，已經四五十年了，並沒有多大的效果。提倡新方案的人，對於這種徒勞無功的事實，往往都歸罪於舊方案的不良；例如提倡羅馬字的人認爲「假名」式的拼音字母不能國際化，或不便於詞兒連寫，等等。然而依我們看來，這些都不是主要的原因。

語言文字都是社會的產品，只有社會的大力量才能改造它們。固然，文字的改革比語言的改革容易得多，改革漢字絕對不是翻譯漢語，相反地，却是爲漢語擺脫它的笨重的古代衣冠，而替代以極輕便的現代服裝。但是，單就這替換服裝一件事而論，也必須取得全社會的同意，然後行得通。全社會的同意却是不容易取得的！社會的習慣的壽命越長，越難推翻。試看陽曆推行了二十餘年，民間仍是陰曆的勢力。清代婚喪的排場，大約只是二三百年的習慣罷，要推翻也不容易，試看某一些都市（如北平）的大街上，差不多每日還有數十個叫化子穿着綠衣，拿着旗傘，隨着棺材遊行。再拿白話文來說。大家提倡了二十餘年，而現在除了新文藝新思想的書報雜誌外，仍然是文言文的勢力。可見社會的習慣是最不容易改變的；漢字改革之難於成功，這就是主要的原因。

提倡漢字改革的人們會說：我們並不希望全社會的同意，只要新字能像現在的陽曆與白話文那樣佔勢力，就算初步的成功了。是的，著者也是這樣想。可是不幸得很，新字就很難像陽曆白話文那樣成功。日曆雖是與民衆極有關係的一種制度，但它的組織非常簡單（指通用的日曆），我們不妨同時記住兩個日子。說到白話文，似乎是與新漢字的情形相髣髴了，所以有人拿現在白話文的成功與將來新漢字的成功相比。然而我們如果再想得透澈些，則見新漢字的成功要比白話文的成功更難百倍。白話文與文言文只是文體的異同，二者之間的界限本來就不甚明顯；至於從漢字到新字（指拼音字），乃是文字本身的澈底的改造，二者之間非但界限分明，而且在結構上也絕無相似之處。白話文的最大特色是言文一致，然而世上絕對沒有言文完全一致的國家，反過來說，也沒有言文完全不一致的國家；人們儘管模仿古文，總不免偶爾參雜白話的語法與辭彙。歷代文法辭彙的變遷，可以說是古文與當代白話合流的結果。可見中國人沒有一天不在傾向於採用白話的語法辭彙（有意的或無意的），而白話文的提倡只算是因勢利導，讓我國人痛快地擺脫古文的羈勒而已。由此看來，白話文非但不曾違反社會的習慣，倒反是迎合了社會的習慣，所以能造成今日的勢力。新漢字就不然了。有人說漢字拉丁化是東方偉大的革命，這是對的。正因它的革命性很大，所以不能與舊習慣妥協，必須澈底改造。正因它是澈底改造，所以它的使命比白話文的使命更大百倍，同時，它的成功也比白話文的成功要難百倍。例如上節所述的三大難題，都是白話文運動時代所不曾遭遇過的。

漢字改革論者爲了要達到目的，主張努力宣傳。然而實際上，無論任何制度風俗習慣的改革，必須先有整個思潮爲其背景，否則單爲某一件事而宣傳是沒有多大成效的。我們可以說，沒有五四運動，白話文的宣傳將成爲徒勞無功；若不是西洋思想不斷地輸入，白話文的勢力也不會膨脹到現在這種程度。上面說過，由漢字到拼音文字，比之由文言文到白話文更難成功，自然需要比五四時代更大的潮流，然後能促其實現。總之，漢字改革必須有整個的政治思潮爲後盾，否則永遠沒有成功的希望，四五十年來的漢字改革運動都是不痛不癢的，這兩年來的「拉丁化」運動竟能掀起頗大的波瀾，這決不是偶然的事。我敢斷說，將來新字如果有成功的一天，一定是因爲某一個政黨把它作爲政策之一，而這一個政黨已經取得政權的時候。當然，新字也不限定那一種新字，政治思潮也不限定那一個政治思潮。語言文字的本身是中性的：不拘任何黨派，都能與漢字改革的政策相容；任何黨派利用它爲政策之後，它所產生的結果，無論好壞，也不會因黨派之不同而有所差異。這裏我所要指出的只是：漢字改革的政策如果爲某一政黨所採用而努力宣傳，則其成效要比幾個書獃子的宣傳遠勝千百倍。

然而我們要進一步追問：漢字改革政策，爲政黨所採用而努力宣傳之後，是否就可以像白話文那樣成功呢？依我的看法，仍舊是不可能的。上面說過，白話文與文言文的界限並不顯明，而新字（如果是拼音的）與漢字的界限卻像隔着大海。看得懂文言文的人也會看白話文，看得懂白話文的人也能勉強看看文言文；至於看得懂漢字的人，卻絕對沒法子看懂新字。假定新字只爲一黨的人所採用，那麽，它至多只能成爲一種特殊文字，通行於同黨或同嗜好者之間；它不能成爲一種新字，因爲它不能代替漢字的用途。

現在提倡漢字改革的人多數主張暫時不廢漢字。我不能了解這種妥協的主張。我對於漢字改革，是一個『all or nothing』主義者。這理由很簡單：一個民族只許有一種文字存在，正像只許有一種「族語」存在一般。若因方言的歧異而制定分區的拼音文字，猶有可說，因爲同區的人的文字仍是統一的；字母相同，拼法相同，仍可說是全民族只用一種文字。假使以拼音文字與漢字同時並用，那麽任何區域都須用兩種文字，任何人都須學習兩種文字，費時失業，利未至而害先來，所謂漢字改革又有什麽用處呢？

也許有人說，新字是爲文盲而設的，我們智識社會不妨仍用漢字。智識社會若肯學習新字，是毫不費力的；文盲呢，讓他們專習新字就是了。這種理論更是我們所不能贊同的。姑勿論這劃分階級的兩種文字會引起智識社會與農工社會的隔閡，單就應用上說，現代書信，佈告，契約，招牌及其他與農工社會接觸最多的文字，都是用漢字寫成的，他們認識了新字之後，對於普通的佈告，契約，招牌，仍舊莫名其妙，要寫一封書信仍舊要找會寫漢字的人代筆，豈不依然是一個文盲？新字對於他們，豈不成了贅疣或消遣品？

也許又有人說，我們預備拿新字去印刷許多書報雜誌給他們看，使他們不至於學非所用。是的，這是熱心改革漢字的人的當然工作；上面所謂努力宣傳，是包括這個而言。如果連這一步也辦不到，越發不配提倡改革了。只可惜單靠這種工作仍是不夠的。上面說過，新字若不能代替漢字的用途，就只算是一特殊文字，由此類推，用新字寫成的書報雜誌也只算是一種特殊的書報雜誌。用它們來灌輸智識，也許不無益處；但是我們不要忘了文字的作用是兩方面的：一方面是從文字上知道別人的意思，另一方面是從文字上表達自己的意思。農工社會讀了這些特殊的書報雜誌，自然知道別人的意思了；可惜他們不能利用這種特殊文字去向那些不懂特殊文字的人表達意思。而在漢字未廢以前，我敢斷定不懂特殊文字的人要佔國民總數百分之九十以上，那麼，就表達意思一方面而論，文盲學會了新字豈不仍舊是學非所用嗎？再就另一方面而論，特殊的書報雜誌究竟有限，普通的漢字書報對於文盲仍是緊閉大門，則所謂從文字上知道別人的意思，也只是知道少數人的意思而已。

在現代的中國，老百姓所急急要學會的是漢字，而我們偏教他們學習另一種文字，實在令人有牛頭不對馬嘴之感。到處都用不着的東西（因爲到處都是漢字的勢力），硬要他們學習，縱使你宣傳得天花亂墜，他們也會當作耳邊風的。說到這裏，我們可以明白，新字與漢字勢不兩立，不是西風壓倒東風，就是東風壓倒西風。妥協論者的提倡改革，其成效必等於零；徒然在報紙雜誌上鼓吹鼓吹，聊以自慰而已。

總括上面所說，可見若要新字確實執行它那代表民族語言的職務，必有待於漢字之徹底廢除。然而漢字之徹底廢除，又必有待於政府的力量。我們試看下面一段關於清末王照官話字母的記載：

次年（一九〇四），直隸學務處便通令全省啓蒙學堂傳習，又專設許多義塾，又派了專員經理，又撥了官款拼譯書報，又定了獎勵辦法，又由督署札飭直隸提學司將官話字母加入師範及小學課程中，並在天津設立大規模的「簡字學堂」，輾轉傳習。於是兩江總督周馥，盛京將軍趙爾巽，也各在省城設立「簡字學堂」，傳習官話字母，奏准立案。……那時由京津而奉天而南京，官話字母傳播很廣，約遍於十三省的境界，到現在還有許多人沒有忘記的。（黎錦熙國語運動史綱，頁二七至二八。）

自有漢字改革運動以來，這可算是極盛的時期，然而這種盛況完全是靠政府的力量。後來王氏官話字母終於失敗了，第一因爲它的目的在乎救濟文盲，不在乎替代漢字，所以終於被漢字壓倒；第二因爲只有一些封疆大使奏准設立「簡字學堂」，並非由中央政府明令強迫全國人民學習，所以容易被人推翻。假使現在中央政府認定新字是有利的，明令強迫全國人民學習，並且拿來替代漢字，那麼，一定比清末的簡字運動的成績超出百倍。漢字改革的唯一可能性就寄託在這上頭；這一條是最危險的路徑，我承認，然而若要達到漢字改革的目的，就只有這一條路可通！

* * * * *

我爲什麼說這是最危險的一條路徑呢？這危險性就寄託在新字的任務上。假使新字是能負得起傳達一切思想的使命的，當然是一帆風順了；反過來說，它如果還趕不上漢字那樣能傳達思想，我們的政府卽使在明令施行新字之後，也不免廢然思返，仍舊敦請數千年的老權威漢字上台。

如果新字不能負起傳達一切思想的使命，這並不是新字本身有缺點（即使本身有缺點也是很容易補救的），而是它不能適應客觀的環境。且讓我們回到上節所提出的三大難題。第一難題是古書不容易翻譯，第三難題是已識字的人的習慣不容易改掉，這都是因爲新字來得太晚，讓漢字佔了上風；我們的政府還可毅然決然，違反了多數人的習慣，採用新字，對於古書則儘量設法補救，甚至犧牲了一般民衆讀古書的機會，亦所不惜。至於第二難題却影響到新字本身的效用了：新字的拿手好戲是代表口語，而現代中國最能表達一切思想的文章是歐化語，或新文言，這種嚴重的矛盾勢必造成新字執行職務時的極大障礙。我們須知，除了少數模仿家之外，中國人運用歐化語或新文言並不是立異以爲高，乃是一種不得已的手段。舊時的小說，遇到沒有辦法時，往往是觀音菩薩救了：歐化語與新文言就是我們的觀音菩薩！有時候，逼不得已，甚至求救於古文的成語。法國的諺語裏說：「有什麽兵器就用什麽兵器」(on use l'arme que l'on a)，我們在用口語寫不通或寫不好的時候，現擺着西洋辭彙與古文辭彙，不利用它們，豈不是傻瓜？這也難怪：西洋思想雖說傳入中國已經數十年，甚至可以說三四百年，然而普及於中國智識界乃是最近一二十年的事。以最近一二十年的傳播，而希望它在口語裏凝結，已是很難；若希望它在一般民衆的口語裏凝結，更是難上加難。因此，造成了語文極端不一致的現象。在這現象未消滅以前，新字的推行是難免障礙的。

弊端還不止此。現代中國的青年，對於歐化的辭彙，能夠運用如意者固然很多，而生呑活剝，胡亂塞進文章裏去的，也不在少數（註七）。一般人的毛病在乎不肯把要說的話直寫下來，拿起筆管就想起自己在做文章，「讀經」的青年就硬塞些典故，「摩登」的青年就硬塞些歐化辭彙。兩種人的思想雖隔了三四個世紀，而他們的文章却是犯了同樣的毛病：前者可稱爲腐敗的謅文，後者可稱爲摩登的謅文。謅文的程度有高低：程度低些的謅文，簡直是誤用歐化辭彙，使文章成爲不通。這種不通的來源，除了少數人是粗通洋文而未深究字義者外，往往是從中文書籍裏學來的歐化辭彙，不知道西洋原文是什麼，所以那些詞兒的意義對於他們是模糊的。這連謅文也够不上，只能稱爲胡謅。在現代出版界中，摩登的胡謅實在不很少。這種文章用漢字寫來還容易懂些，若用拼音文字寫出，越發令人摸不着頭腦了。

最近兩年來有人提倡「大衆語」，我以爲提倡的功效恐怕很小，我們只好耐心期待大衆語的自然形成。依我的意見，所謂大衆語，應該包括下列幾個成因：

1. 智識社會的語法辭彙與農工社會的語法辭彙合流；

2. 歐化辭彙口語化，並爲一般人所澈底了解；

3. 在可能範圍內要求語文的一致。

等到中國有了這種「大衆語」之後，新字的施行才是可能的。如果不然，恰在這語法辭彙逞露空前的混亂狀態的時候，實行漢字改革，徒然增加社會的紛擾而已。

（註一）嚴格地說，文字是間接代表概念的。文字代表語言，語言代表概念。

（註二）因爲結合的方式太多，故甲字常爲乙字所同化而誤。如尋爲粲所同化而誤作尋，慧爲豐所同化而誤作慧，臨爲監所同化而誤作臨，厚爲原所同化而誤作厚，節爲鄉所同化而誤作節，函爲亟所同化而誤作函，奮爲舊所同化而誤作奮，巨爲臣所同化而誤作臣或巨。

（註三）這是大概的說法。認字當然不能這樣呆板。

（註四）漢字改革論者以拼音派最占勢力，其改革方案也最徹底，所以本書的主要對象是漢字拼音化，有時說及漢字改革就索性專指拼音化而言。下仿此。

（註五）字式是文字的結構方式，字體是文字的筆畫姿態。

（註六）「語法」就是grammar,普通譯爲「文法」。廣義的「語法」包括口語中的grammar與文章中的grammar而言。狹義的「語法」只指口語中的grammar,「文法」指文章中的grammar。

（註七）參看葉聖陶從疏忽轉到謹嚴（文藝陣地創刊號）。

第二章　拼音字所引起的問題

第五節　方言問題

漢字改革方案，除了簡體字之外，都是趨向於拼音或標音的，於是引起了方言的問題。本來，在每一方言裏，除了語音，還有它的語法與辭彙，使它與別的方言殊異；但是，中國各地語法的差別很微，辭彙的差別又是最容易發覺的，僻小地方的人與外縣的人接觸，往往喜歡把最富於地方性的辭彙隱沒，所以都不成爲什麽大問題。至於語音方面，就非常討厭了。除了聽覺非常靈敏，或對於語音學有相當訓練的人外，人們往往爲自己的方音所蔽，不能了解另一個方音的系統。例如重慶人不能了解北平的「斤」「經」有別，「根」「庚」有別；北平人不能了解蘇州的「記」「濟」有別，「見」「箭」有別；蘇州人不能了解桂林的「談」「台」有別，「蘭」「來」有別，桂林人不能了解廣州的「干」「甘」有別，「穀」「骨」有別；廣州人不能了解梅縣的「漢」「看」有別，「戲」「氣」有別，等等。總之，凡本人習慣上未曾分別的音素，就不會相信它們有分別；凡本人習慣上讀爲同音的兩個字，就不會設想它們在另一個方言裏不是同音，有時候知道它們是不同音了，却又不知道某字該讀某音，以致往往弄到與事實恰相反。由此看來，拼音新字所代表的語音應該以什麼地方爲標準呢？這就是本章所要討論的了。

依我們看來，可以有下列的四種辦法：

1.制定一種「國音」，這「國音」是南北音的混合品，叫全國人都去學它（民國十三年以前的注音字母屬於這一派）；

2.擇定一種方言爲標準音，叫全國人都去學它（民國十三年以後的注音字母及國語羅馬字屬於這一派）；

3.把中國分爲幾個方言區域，替每一個方言區域制定一種拼音文字，叫那區域的人都去學它（「漢字拉丁化」屬於這一派）；

4.每一個中國人都完全照他自己的土音寫下來，只有拼音的法則是全國一致或差不多相同的。

現在我們試分別討論如下。第一種辦法是行不通的；這不是因爲完善的「國音」難於制定，但因爲語言是自然產生，自然演變的東西，人造的語言決不能完全替代自然的語言。注音字母之所以由第一種辦法轉變到第二種辦法，正因爲原先所制定的「國音」沒有一個人說得完全不錯，所以只好依照北平人的活人活語。現在有人提倡「區際輔助語」，其用途雖與人造的「國音」有差別，但它的毛病却是一樣的。人造的「國音」既不能成功，我們由此推想人造的

「區際輔助語」也不會成功。

第二種辦法行起來也很困難。我重覆說一句：辭彙上的困難是容易解決的，只要本來熟習這種方言的人努力避免富於地方性的辭彙，本來不熟習的人寫些比較近文言的字眼，就行了。最困難的還是語音方面。例如擇定北平音爲國音，按照這種語音來拼成新字，恐怕就只有道地的北平人寫得完全不錯，天津人已經感覺困難了（如「市」與「寺」的分別），其餘南方各省的人更不用說了。我們須知，學話不算難，而把那話的聲音寫下來却是最難。「藍青官話」雖然刺耳，還不至於令人不懂，因爲有姿勢與語調（intonation）幫了不少的忙；若把「藍青官話」寫下來，就加倍的難懂了。

第三種辦法雖然比第二種好些（所謂好不好，是指學習上的難易而言），但也並不是沒有困難的。假定每一區的新字係參雜該區各地的方音而成的，就犯了第一種辦法的毛病。例如上海的「胎」「灘」是不能分別的，但我看見過一套「上海話拉丁化方案」，却把「胎」一類的字（「台」「來」「該」「開」「哉」「裁」）與「灘」一類的字（「談」「蘭」「單」「難」「殘」）的韻母寫成不同的形式，理由是吳語區域內還有些地方能分別這兩類韻母，而且與北方語取相當的一致。這樣一來，徒然增加上海人學習上的困難（因爲在口語裏他們不能分別），而對於同區各地的人也沒有好處。

又假定每一區的新字係純然根據該區某一個都市的語音拼成的，這是比較合理的辦法，我們如果要走第三條路，只好這樣辦。但是困難仍舊不能完全避免。我們知道，中國方音非常複雜，非但縣與縣之間可以不同，而且鄉與鄉之間也往往不同。有人說中國可以分爲五個以至七個方言區域，制定五種以至七種新字，就够用了，這是忽略了方音的複雜性。現在試拿我的故鄉博白縣（在廣西南部）爲例。單就博白一縣而論，已經有粵語與客家話兩種方言，大約各佔居民的半數，這且不提。又單就博白的粵語而論，仍可細分爲好幾種。現在單就岐山坡（我的村名），新村（與岐山坡爲鄰，相隔約二里），鴉山墟（離岐山坡十餘里）三個地方比較如下：

	岐山坡	新村	鴉山墟
「子」	tsei	tei	tei
「請」	ts‘eng	tĕng	tĕng
「進」	tsan	tan	tan
「醉」	tsui	tui	tui
「爺」	ie	ie	iei
「車」	che	che	chei
「三」	som	som	sam
「廿」	kom	kom	kam

「吃」 hek hek het

我們不要以爲只有博白一縣的方音如此複雜，中國方音複雜的縣份多着呢！若依上述的辦法，我們非但不能替岐山坡新村鴉山墟等各處造一套新字，而且不能替博白造一套。博白的粵語區只好去學廣州的新字，或梧州的新字，那就苦了！例如廣州的「大」「代」有別，「雨」「以」有別，「書」「施」有別，而博白都沒有分別，叫他們怎能把廣州新字寫得正確呢？由此類推，無錫人不能把上海字寫得正確，湘潭人不能把長沙字寫得正確，興寧人不能把梅縣字寫得正確。總之，只有幾個大都市的人能享受特殊的利益，他們的話是標準語，他們的字是與語音一致的，寫起來毫無困難；僻小縣份的民衆就吃虧了，他們的話不是標準語，他們的字是與語音不一致的，寫起來常常錯誤，甚至比漢字更難寫得正確。上章我們承認拼音文字比漢字易認易寫，是假定文字與語音一致的；現在如果文字與語音仍舊不能一致，則新字並不易認易寫。更進一步說，在這情形之下，也許拼音文字比漢字更難學習，因爲方言的差異是一般人所最難辨別的，強我就人，又是最苦的事情。

也許有人說，大都市的人口衆多，我們該先從大都市着手；僻小的縣份只好暫時不管。這自然是「利刀斬亂麻」的主張，只可惜與消除文盲的目的違背了。大都市接受文化最早，也最容易，所以文盲最少；僻小的縣份接受文化最晚，也最困難，所以文盲最多。救濟文盲非但不從文盲最多的地方着手，倒反特別給予他們文字學習上的困難（因爲不以他們的語音爲標準），這道理怎說得通？我們不要單爲大都市的工人着想，同時我們應該爲全國的農民着想。試以人口而論，假定以七個大都市的語音爲新字的根據，這七個大都市的人口總計至多不過一千萬人，我們如果強迫四萬萬同胞去遷就這一千萬人，雖說是不得已的辦法，但是它的成效恐怕也就很微了。

第三個辦法既然也遇着困難，剩下來只有第四個辦法，就是叫每一個中國人都完全依照他自己的土音寫下來。這種文字才是眞正容易學習的文字，與拼音文字的原則完全符合。不幸得很，中國方音之複雜，既如上述，如果每人都以土音爲根據，我國不難產生幾千種的文字；雖說同一方言區域的各種文字將是大同小異的，到底也嫌太零亂了。

由此看來，四種辦法都是遇着困難的，我們該怎麼辦呢？老實說，這是客觀環境所造成的困難，無論怎樣也不能完全避免的。中國的地方是這樣大，怎能怪方音的複雜？方音是這樣複雜，怎能怪拼音文字施行的困難！我們應該坦白地承認：我們沒有辦法可以完全避免困難，只能選擇比較有利的方向走去罷了。

依著者的意見，四種辦法的優點應該同時採用，它們的缺點應該儘量避免。由這種意見就生出同時並進的三種辦法：

1. 擇定北平音爲國音，依北平音寫下來的文字爲國字，同時承認依照普通話寫下來的文字爲國字的另一式；

2.凡滿十萬人口的都市（如北平，桂林）或人口雖不滿十萬而其方言勢力甚大者（如梅縣），應以其地的語音爲「區語」，每一個「區語」應有其文字：

3.凡不滿十萬人口的城鎮或鄉村，應學習其語言系統最相近似的大都市的語言文字，同時得以土音拼寫文字，流行於本城鎮或本鄉村。

現在我們再分別說明如下。第一，國語是必要的。凡是一個國家，必有其代表國家的語言文字。譬如法國，儘管容許Provence與Bretagne方言的存在，而實際上代表法國者乃是巴黎的語言。我國儘管容許吳語，閩語，粵語，客家話的存在，而實際上代表我國者乃是「官話」（包括北方官話與南方官話）。近來主張漢字改革的人有同時主張不要國語的，這大約因爲他們希望漢字同時存在的緣故；否則漢字完全廢止之後，我們將用什麼文字來代表我們的國家？政府的命令，案卷，將用什麼文字書寫？駐外大使或公使所遞的國書，中外訂立的條約，又將用什麼文字書寫？我們提倡漢字改革，就該顧慮到百年大計：漢字存在的時候，可以不要國語；漢字廢止之後，倒反不能不要國語。

廿餘年來國語的提倡，並非毫無成績可言。至少在學校裏，不會聽國語的人很少，不會說的人也漸漸地少了。如果你到過南洋，更感覺得國語的需要：一個廣州人，一個福州人，一個廈門人，與一個梅縣人同在一塊兒，互相不懂話，多難受！所以南洋的小學，一律用國語講授，學生們也沒有一個不懂國語的。隨便你贊成也好。反對也好，國語已經養成了很大的勢力，而這種勢力將隨着交通之發達而繼長增高。我們如果說不要國語，竟可以說是違背現代的潮流。

現在所謂國語，大致是以北平話爲標準，尤其是語音方面，可以說是大家極力模仿「北平腔」。然而模仿自模仿，除非是在北平生長的人，否則他們所說的都是藍青官話，不過藍青的程度有高低罷了。由此可見，假使將來中國的語言眞能統一，那時的國語也決不能像現在的北平話一般。許多難分別的音素一定會混合了，一些難發的音素也一定被淘汰了。再說得明顯些，那時的國語竟會與現在的高等藍青官話相似，而高等藍青官話也就是現在所謂「普通話」。因此，我主張順着自然的趨勢，就擇定「普通話」爲國語的另一式。

固然，「普通話」是沒有標準的，正像藍青官話之不能一律，但是，我們不妨給它定下一個標準，就是大致依照北平的語音，只把那些不容易分別的音素索性混合起來。所謂不容易分別，是拿大多數的國民爲標準，不以某一方言區域的人爲標準。例如北平的「己」與「子」，「希」與「思」，「齊」與「慈」，「祭」與「字」，本是有分別的，粵語區域的人學起來往往不能分別，但是吳，閩，客家，及南方官話區域的人學起來都毫無困難，我們應該讓它們仍有分別。至於大多數國民不能分別的，乃是：

（一）「知」類與「資」類　例如戰贊，專鑽，正贈，志字，招遭，中宗，債再，咒奏，竹足。

（二）「癡」類與「雌」類　例如產粲，巢曹，柴裁，崇從，齒此　初粗，吹催，徹測。

（三）「詩」類與「思」類　例如山三，稍嫂，稅歲，數訴，試四，收搜，曬賽，熱俗。

（四）「根」類與「庚」類　例如眞爭，陳程，申生，晨成，艮更，痕恆。

（五）「斤」類與「經」類　例如津精，鄰靈，新星，親青，因英，吝令，近敬，民明，謹警，賓兵，貧平，欣馨，引影。

這五類的分別，就是普通人學習國語的最大困難。江浙皖鄂湘川滇黔桂諸省的人學起國語來，往往是辭彙，聲調，以及其餘一切語音都學得很像了，只有這五類的分別始終分不淸。有時候矯枉過正，倒反鬧出笑話來。北平的「知」「癡」「詩」是捲舌音，「資」「雌」「思」不是捲舌音，南方大多數的地域是沒有捲舌音的，爲了要學北平的捲舌，於是連不該捲的也捲起來了！近日南方幾個無線電台播音，最令人不舒服的就是把「贊鑽贈字遭宗再奏足粲曹裁從此粗催測三嫂歲訴四搜賽俗」等類的字大捲特捲，造成全中國所未有的古怪聲音！至於「根」與「庚」，「斤」與「經」，的分別，是一般人所最不容易察覺的，所以矯枉過正的毛病還不多見。但是，其不能分別的情形却是一樣的，倒不如容許它們像南方官話那樣沒有分別，以減少學習上的困難。

此外還有一種相反的事實，就是普通話能分而北平話不能分的字音。這種字，可以細分爲三類：

（一）「記」類與「濟」類　例如結接，交焦，韭酒，建賤，敬靜，懼聚，決絕，雋俊。

（二）「氣」類與「砌」類　例如橋樵，毬囚，虔錢，琴芹，強牆，輕清，驅趨，拳泉。

（三）「戲」類與「細」類　例如鞋斜，曉小，休羞，縣線，鄉箱，興腥，虛須，玄旋。

這種分別是很可愛的，因爲拼音文字最忌同音字太多，這麼一來，同音字的數量就可減少。北平的舊劇界本來講究這種分別，他們把「記」「氣」「戲」三類叫做「團音」，「濟」「砌」「細」三類叫做「尖音」；尖團字的分別在他們是很看重的。近來有些青年伶人矯枉過正，把團字也唸成尖字，也造成了全中國所未有的古怪聲音！我們既主張採用北平音爲國音，自然贊成口語裏不必有尖團字的分別。不過，在文字上，如果能分別尖團，未嘗不是救濟同音字太多的一種幫助。所以我們主張國字應該以分別尖團爲主，而以尖音變團爲國文的第二式。

國語與普通話通用，可在詞典裏註明。若照著者的方案（註一），則可舉例如下：

「戰」jän　通作　tzän,

「裝」jwang　通作　tzwang 或 tzong;

「初」chu 通作 tsu,
「闖」chwang 通作 tswang 或 tsong;
「稍」shau 通作 sau,
「爽」shuangh 通作 suangh 或 songh;
「更」geng 通作 gen,
「爭」jëng 通作 tzëng 或 tzën;
「平」pingh 通作 pinh,
「青」tsingh 通作 tcingh, tcinh 或 tsinh.
「祭」tzy 通作 dcy,
「進」tzyn 通作 dcyn;
「且」tsie 通作 tcie,
「搶」tsyang 通作 tcyang;
「笑」syaw 通作 cyaw,
「選」süan 通作 cüan.

這樣的通用字是有條理的，並非胡亂書寫可比。漢字中也不乏此例，如「筍」通作「笋」，「僊」通作「仙」，「糧」通作「粮」，「螘」通作「蟻」，「躧」通作「蹝」，「穉」通作

「稚」，「蹏」通作「蹄」，「楫」通作「檝」，「鶯」通作「鸎」，「鉏」通作「鋤」，「譌」通作「訛」，「棲」通作「栖」，「妒」通作「妬」，「蠭」通作「蜂」，「蹋」通作「踏」，「照」通作「炤」，「孃」通作「娘」，「碪」通作「砧」，「韻」通作「韵」等等。我們採用普通話的拼音為國字的另一式，其成因雖與漢字中的通用字不同，而其不足為害却是一樣的。

我並不想要說，採用「普通話」為國語另一式之後，就能完全免除全國人學習上的困難；我只想要指出這是困難最小的一條路徑。除非不要國語，否則只有朝着這一條路徑走去。如上所說，國語是必要的，所以這一條路也是必須走的。事實上，南方人學習國語，大多數就是走上這一條路，我只希望政府正式批准他們。

第二，區語也是必要的。有了國語之後，我甚至主張全國的區語須在二十種以上；近來「拉丁化」論者以為中國該分為五個以至七個方言區域，這實在是不够的。「拉丁化」論者排斥國語的理由，是以為我們不應該強迫全國人去習學一個都市（北平）的土話，然而現在的「北方話拉丁化」是以山東話為標準的，也算是強迫北方全部數省的人去學習一省（山東）的土話了，豈不是「以五十步笑百步」嗎？我曾經看見北平的大學生（「拉丁化」提倡者）在雜誌上把zi–ci–si–誤作gi–ki–xi–，這個如果依照「北方話拉丁化」的方案，自然該認為錯誤；如果依照北平話呢，這種寫法正是合理的。此外如「多」字之不作do而作duo，「坐」字之不作

zo而作zuo，也是這個道理。我不明白：北平共有人口一百五十萬，還不能完全根據他們的語音寫成文字，寫起字來還常常錯誤，新字的優點何在？大學生還寫錯了字，怎樣教文盲去學習它？也許有人說，這種錯誤不必認爲錯誤，通融辦理就是了。但是，此例一開，別的也何嘗不可以通融（註二）？倒不如爽爽快快地，除制定一套濟南區的區語之外，還再制定一套北平區的區語，並且拿這區語當爲國語。由此類推，我們有了福州區的區語，不妨再有廈門區的區語；有了廣州區的區語，不妨再有梧州區的區語，有了長沙區的區語，不妨再有衡陽區的區語，有了重慶區的區語，不妨再有昆明區的區語。自然，凡屬於同一方言系統的兩區，其互相了解的程度必較高；但是，當他們的語音尚未統一的時候，我們不必先求文字的統一。反正已有國語爲全國互相傳達思想的工具，區語只是輔助國語而行的，就不嫌太多了。

區語究竟該有若干種？這要等待詳細調查與研究，才能完全決定。上面雖說凡滿十萬人的都市的語言就有被定爲區語的資格，如果甲都市與乙都市的語音相差實在太微了，經調查與研究之後，也可以把它們歸併起來。但是在北方官話區域內，至少須分爲濟南，北平，太原，漢口，南京五區；在南方官話區域內，至少須分爲長沙，重慶，昆明，桂林四區；在吳語區域內，至少須分爲上海，無錫，寧波，紹興，溫州五區；在閩語區域內，至少須分爲福州廈門兩區；在粵語區域內，至少須分爲廣州，台山，梧州三區，在客家系統內，至少須分爲梅縣，汀州，南昌（註三）廣西客話四區。這裏所謂「至少」，就是說將來實行時必須增加；大約要二三十種區語，方能足用。

區語的用處，在乎使沒有機會受中等學校以上教育的人。能有讀書寫信的能力。每一區該有用區語書寫的書報若干種，民衆訴訟或呈文得用區語。政府的命令，如須佈告全民周知者，應一律譯爲區語。至於中等學校，就該有國語一科，依照語言環境的殊異而規定其學習的鐘點；官話區域的鐘點較少，非官話區域的鐘點較多。由區語轉到國語，只是拼音的不同，字母是一樣的，所以沒有多大困難。

第三，僻小地方的土語也是一時不能消滅的。固然，僻小地方的人民本來就喜歡模仿大都市的語言，一則因爲應酬上的便利，二則因爲怕別人笑自己的土氣十足；但是，有時候力不從心，終於露出狐狸尾巴來了。還有許多人是從來不曾到過大都市的，更沒法子學習它的語言。幸虧他們的語音是與附近的大都市相類似的，在文字的閱讀上不會發生大困難，只在書寫上不能完全依照區語能了。暫時的補救辦法是容許並指導他們依照自己的土音寫字（註四），遇必要時，也印刷一些土音文字的東西給他們看。但我們不要忘了誘導他們閱讀區語的書報，因爲只有這種書報是可以大量編印的，而他們對於區語也是比較容易看得懂。

上文所論，都是偏重於語音方面，現在再稍爲討論辭彙方面。國語的辭彙，除吸收歐化辭彙外，應該儘量避免地方色彩太重的辭彙。例如北平說「揍」，我們不妨說「打」；北平說「寒蠢」，我們不妨說「不大方」；北平說「洩氣」，我們不妨說「丟臉」；北平說 pang,

我們不妨說「有本領」；北平說「損」，我們不妨說「挖苦」；北平說「捎」，我們不妨說「帶」。我們分明知道，地方色彩越重的字越富於表現性（expressité），尤其是文學作品裏用得着它；勉強拿「普通話」去翻譯，非但風趣全失，有時候連意義也譯得不完全，但是，在這過渡時代，我們只好通融些。等到將來，國語漸次形成的時候，也就是各地辭彙被國語自然地吸收的時候，非但北平的特別辭彙可能的被吸收，上海廣州各處的特別辭彙也會一樣地被吸收。那時節，它們該是無形的競賽：誰最富於表現性，誰就有被國語吸收的資格。

至於區語呢，當然應當儘量利用本地的辭彙。依現在的料想，在國語尚未成型以前，將來的小說戲劇大多數係用區語寫出來的。遇必要時甚至可用土話寫出。不過，將來交通便利，土話將漸爲區語所同化，尤其是辭彙方面不會成爲大問題。

總之，我對於中國方言問題，主張聽它們自然演化。假使將來眞有國語統一的一天，十分之九的功勞要歸於交通的便利，與各省人民的雜居。不過，我們如果現在預先開闢一條道路給大家走，也許能對於國語統一略助一臂之力，也許能爭取那十分之一的功勞。我們的希望，是從土話統一到區語，再從區語統一到國語。北方話的音素簡單，地域寬闊，如果國語眞能統一，又一定是以南就北。北平話藉着數百年的政治力量，已取得「官話」的資格，由官話轉到國語，要比山西，山東，河南等省的方言更容易些。因此，我主張仍以北平話爲主要的基礎：說起國語來，儘管完全依照北平話（如果你能够），寫起國語來，尤其是教起國語來，却應該稍爲遷就大多數的國民，對於難分別的語音讓他們混用。我相信這個辦法能使方言問題得到比較合理的解決；但我並不想說完全沒有困難。本來有困難的事，硬說沒有困難，就是自欺欺人了。

第六節　聲調問題

漢字拼音化之後，聲調（平上去入）是否要標明？換句話說，音素相同而聲調不同的字，是不是應該寫成不同的形式？這也是值得詳細討論的一個問題。

主張標明聲調的人有兩個重要的理由：（一）拼音文字既是標音的，自然該把語音上的區別儘量表示出來。聲調在中國語裏，含有詞義的價值（valeur sémantique）。與英法德語的語調（intonation）絕不相同。例如「粗」與「醋」，「媽」與「馬」，在每一個中國人聽起來，其差異之大，並不輸於「粗」與「租」，「媽」與「貓」。因此，我們非但對於元音或輔音不同的字，給予不同的形式，就是對於聲調不同的字，也不該混爲一個形式。（二）中國語素來是以單音詞爲主的，同音詞已嫌太多了，幸虧有聲調的分別，使同音不同調的詞還不至於相混。如果現在連同音不同調的詞也讓它們混同，豈不是使素來有分別的臉孔也塗成一樣的了？聲調的標明，就是在可能範圍內使每字各有其個別的臉孔。

反對標明聲調的人只有一個理由，然而這一個理由並不弱於上面那兩個理由。依他們的意見，聲調是素來被中國人認爲神祕的東西，有許多讀書人直到頭髮斑白，對於平上去入還弄不清楚，怎麼好拿它來教農工社會呢？他們並不是在語言裏反對聲調的存在，只是在文字上反對聲調的標明。不標明聲詞也不至於使詞義混亂不清，因爲現代複音詞已漸漸增加，此後還可以再求增加。字在單音時雖然容易相混，若在複音詞中，就不容易相混了。（註五）

這兩派的主張，都是言之成理的：在語言文字的原則上，是前一派有道理；在書寫的便利上，是後一派有道理。只可惜各有所蔽。現在試就著者的意見，分論如下。

標明聲調是可以的；聲調並不像一般人所說的那樣難懂。許多讀書人直到頭髮斑白，還不懂得平上去入，因爲他們所要懂得的是沈約的「四聲」，才會這樣的困難。如果把本地的聲調系統告訴他們，決不至於如此難懂。再說，我們對於一般民衆，用不着解釋什麽平上去入：只把同音不同調的字寫成不同的形式，叫他們去認就是了。

標明聲調是可以的；只是，不幸得很，我們沒有適當的音標！現在大家傾向於採用拉丁字母，然而當年的拉丁語裏恰是沒有聲調這樣東西的。最合理的表示聲調的法子，是把每一個元音按照聲調的不同，寫成不同的元音字母；而拉丁文當時却沒有這種需要。現在我們如果借用拉丁字母而又勉強要標出聲調，只有兩種辦法。第一種辦法是在每一個元音字母頭上加些撇捺帽子之類，以資區別；只可惜弄成滿面麻子，十個字當中該有八九個是帶着撇捺帽子的，實在太不美觀了。第二種辦法是利用字母的錯綜拼合或複寫，以資區別；只可惜錯綜拼合後，聲調的拼法不容易弄成一律，使學習上發生多少困難，若求其拼法一律，又會違反國際的拼音習慣。這兩種辦法都不很妥，難怪有人懷疑到聲調的本身了。

本來，注音字母一類的音標，是很適宜於標明聲調的。注音字母既是「取古文篆籀逕省之形」，何不索性在韻母與介母裏分出聲調來呢？例如ㄚ的原音是於加切，ㄛ的原音是虎何切，ㄠ的原音是於堯切，ㄤ的原音是烏光切，ㄥ的原音是古薨切，ㄩ的原音是丘魚切，都適宜於做陰平聲的韻母，ㄧ的原音雖是於悉切，今國語讀如「衣」，也適宜於做陰平聲的韻母，應另造與ㄚㄛㄠㄤㄥㄩㄧ相當的陽平，上，去聲的韻母。ㄟ的原音是余支切，適宜於做陽平聲的韻母；應另造與ㄟ相當的陰平，上，去聲的韻母。ㄝ的原音是羊者切，ㄣ的原音是於謹切，ㄨ的原音是疑古切，都適宜於做上聲的韻母；應另造與ㄝㄨ相當的陰平，陽平，去聲的韻母。ㄡ的原音是于救切，ㄞ的原音雖是胡改切，今國語讀去聲，ㄢ的原音雖是乎感切，今國語亦當讀去聲，都適宜於做去聲的韻母，應另造與ㄡㄞㄢ相當的陰平，陽平，上聲的韻母。我認為這個辦法比標點四聲於字母之旁要好得多；因為在旁加點撇，顯然是在那裏教人分辨四聲，若造成不同的字母，只當作普通不同音的字看待就是了，連陰陽上去的名目都不必告訴他們。

標明聲調是可以的；但在許多情形之下，卻不是必要的。像注音符號這類適宜於標出聲調的字母，自然可以標出；若像拉丁字母，標出聲調既感困難，而有許多複音詞不標聲調也不至於與別的詞兒混亂，就不必多此一舉了。剩下來只有那些單音詞難於打發：黎錦熙先生注意到（註六），動詞裏的單音詞特別多，我們如果不標聲調，就有混亂的危險。現在我們試看反對標明聲調的人們怎樣答覆這一個問題。

原來反對派的答覆是很簡單的：他們以爲只要詞兒連寫就什麼困難都沒有了。其實黎先生他們早就提倡「詞類連書」的，怎會不知道其中的妙用？只是可惜得很，中國的單音詞雖比古代減少，但是還沒有少到可以忽略的地步。於是不標聲調的拼音文字，對於同音詞的混亂，仍舊不能完全解決。如果讀者對於單音詞不至於誤會，並非詞兒連寫的功勞，只是上下文襯托的功勞。

我們知道，上下文的作用是很大的：在文章上，許多含糊的字義都賴上下文而明朗化，在文字上，許多不易猜測的字義又何妨藉着上下文的襯托，而使它們容易明瞭呢？但是，乞靈於上下文，總不是一個妥善的辦法。先拿做文章爲例罷：我們常常爲了一個字不妥貼，推敲了半天，正因爲這樣可以省掉讀者反覆研究上下文的勞苦。文字也是這個道理，我們的讀者不能處處乞靈於上下文，否則未免太費時間了。近來我讀那些不標聲調的拼音文字，往往讀完一句，才懂得某一個詞兒的意思。這樣，書寫上雖然便利，閱讀上却加倍困難。而一般民衆閱讀的機會多，書寫的機會少，怎能只求書上寫的便利，而忽略了閱讀上的困難呢？

有些作者，爲了避免上述的缺點，着意地製造複音詞。這越發不是辦法。這不但是制作文字，竟是創造語言了。語言並非絕對不可以創造；極少數的新詞，逐漸地，不知不覺地混進民衆口語的辭彙裏，這是可能的。但也應該讓它們在口語裏生了根，然後寫成文字；否則這種文字是極難認識的。固然，有時候新詞也可以先見於文字，再傳入於口語；但是，不幸得很，這種事情只有漢字能夠辦到！上文說過，現代語體文裏新造的複音詞，大多數是由意義相同或相類似的兩個漢字硬湊而成的（註七）。這類複音詞，暫時只好依賴漢字而存在，否則如魚失水，無論在口語裏，在拼音文字裏，都失了它們的功能。複音詞製造者明明是乞靈於漢字的枯骨，（許多複音新詞裏所包含的單字是口語裏已經死去多年了的），却要把它們放進嶄新的，與漢字作對的拼音文字裏，似乎有點兒滑稽了。

由此看來，不標聲調則單音詞容易相混，若標聲調則事實上發生困難。可見我們應該在標聲調之外，另覓單音詞不容易相混的辦法。依著者的意見，可以拿詞性的差異，來分別同音詞。換句話說，詞性不同的同音詞可以寫成不同的形式。這種辦法需要詳細的解釋，但是這種解釋是不屬於本節的範圍的，等到第十六節再談罷。

第七節　音標的選擇

關於新字的音標，有兩種絕不相同的意見：第一種是自製音標；第二種是借用羅馬字母（或稱拉丁字母）。

自製音標的理由，可以有下列數種：（一）不借用外國的字母，表示中國人能創造；（二）

適合中國語音的需要，如特殊的元音或輔音皆可有適當的字母來表示（如上文所論，還可從元音字母中分別聲調）；（三）保存中國書法上的藝術。

依我們看來，當然是第一個理由最不成爲理由；然而事實上，不甘心借用羅馬字的人，大多數是存着這種心理。清末王照勞乃宣一類的不大懂西文的人，倒也罷了；連幫着英國教士翻譯英華字典的盧戇章也造成一套「假名」式的切音字母，總不免有不屑用外國字母的意思，不然就是迎合中國人的心理，不用外國的東西，以求減輕反對的力量。其實這些我們都可以不管：拼音文字顯然是受西文的影響而提倡的，又何必鬼鬼祟祟，自製音標，做成「掛羊頭賣狗肉」的勾當呢？

第三個理由也不成爲理由。若要保存中國書法，乾脆就該保存漢字；新製的拼音字無論如何不能保存中國書法上的藝術。原來中國文字的美觀就在乎它的結構複雜，有種種不同的穿插俯仰；如果把它簡單化了，即使保留着撇捺橫豎的姿態，也會令人感覺得單調的。注音符號之不美觀就是鐵證。

剩下來只有第二個理由頗能成爲理由；自製的音標確能表示任何語音，並免除可能的誤會。然而它也有一個缺點，就是與我們的習慣完全違反。若用自製的音標拼成文字，在沒有學過的人看來，覺像一種「天書」。違反習慣的程度越高，則推行的阻力越大；所以自製的音標決不能像羅馬字母之推行順利。固然，羅馬字母在非知識社會的人看來，也像「天書」；但這種人對於漢字差不多完全無緣，連漢字也會被他們當作「天書」看待的。至於智識社會呢，就與羅馬字母非常熟習了。十歲以上的學生，就認得英文字母，若用它們來拼寫漢字，字母是他們早已認識了的，拼法也與英文的拼法差不多，當然覺得便利而高興學習。羅馬字母還有另一個好處，就是適合國際習慣。將來全世界的人類都很容易與漢字接近，漢語如果有優點，正可藉此宣傳。這是一舉兩得的辦法：我們不改革漢字則已，否則應該趁此機會使中國文化更容易與西洋文化溝通。

如果要求一種音標確能表示任何語音的，也不一定要自製音標；現放着國際音標可以應用。——不過我們也不贊成用國際音標。國際音標只是科學的工具，並不是語音的普通符號。國際音標辨別至於「秋毫之末」，一般的民衆非但不會辨別，而且用不着辨別那麼仔細。

說到這裏，我們可以明白，只有羅馬字母適宜於做新漢字的音標了。我們現在所應討論的，不是要不要羅馬字母的問題，而是：（一）字母的音值，應以何國字母的音值爲標準？（二）各區所用的字母，其音值應否一律？

關於第一個問題，我們可以說，不應該拿任何一國的字母的音值爲標準，而應該集合各國字母的長處，並且適合於表示中國語音的。若必要尋出一個標準，我們可以說應該儘可能的接近拉丁文原來的讀音。例如i這個字母，應該讀像中國的「衣」音（拉丁原音如此），不該讀像英文的長音i。這不是崇古，而是因爲西洋各國的拼法（如果是用羅馬字母的）都是從拉丁文的拼法傳來，所以採用拉丁文的拼法就是等於採用多數國家的拼音習慣。我們用羅馬字母拼寫漢字，主要的目的在乎適合國際習慣，所以除非有萬不得已的理由，否則越是從衆越好。

消極方面，我們應該儘量避免違反國際習慣的拼法。對於非智識社會，我們縱使以d爲g，以p爲t也沒有關係，但是，我們既然採用羅馬字母，又何不索性儘量依照西文（尤其是英法德文）的拼音習慣，使大家容易看得慣些呢？依這個說法，「國語羅馬字」的 char, aur, shern, torng（「茶」「熬」「神」「同」）「漢字拉丁化」的 xu, xai, xi, xiao（「湖」，「海」「喜」「曉」），都是不妥當的；因爲前者所用的r是不發音的，後者所用的x等於郵政式的 h (hu, hai) 或 hs (hsi, hsiao)，都不合於國際的拼音習慣。固然，這都是有特別原因的：「國語羅馬字」要借r來表示陽平聲；「拉丁化」大概是因爲「知」「癡」「詩」「日」等字既寫成 zh, ch, sh, rh, 不寫元音字母，假使「湖」「海」「喜」「曉」等字再用h起頭，就會常常有兩個h黏在一起，所以索性採用國際音標x了。但是，如果我們不標聲調，就用不着r了；如果我們每一音段必寫一個元音字母，也就可以不用x而用h；比較適合國際習慣了。

威妥瑪式與郵政式的拼音法，還是値得我們重視的。除了 hs- 的拼法頗不合理之外，其餘都是很合於國際習慣的。沿用既久，它們的勢力已經不小；國語羅馬字公佈了這些時候，實際上我們對外的譯音仍用威妥瑪式或郵政式。我們如果憑藉着這已有的勢力造成新字的方案，總比另起爐竈省力些。因此，我覺得除非萬不得已，否則還以沿用二式爲較妥。只有一點必須更改的，就是「不吐氣」音與「吐氣」音的分別：p與p‘,t與t‘,k與k‘,ch與ch‘,ts與ts‘，相差只在乎那一個點兒！寫起來，容易漏了這一點；排起字來，更容易漏了這一點；認起字來，有點與無點之間，越發不容易辨別。我們須知，威妥瑪式與郵政式的目的只在乎譯音，不在乎創造新漢字，所以在這一點上可以馬虎些；我們的新漢字是預備天天應用的，就不能馬虎了。

關於第二個問題，我們主張各區語所用的字母其音值應儘可能地求其一律，若換一個普通的說法，就是各區的拼音法應該一致。固然，二十六個字母勢不能表示一切可能的語音；縱使遇必要時拿兩個字母表示一個音位(phoneme)，也還是不夠用的。但是，在可能的時候，又在很大的語音差異情形之下，我們必須求其一致，因爲這樣可以使甲區的人學習乙區的語音文字格外容易，尤其是便於學習國語。在我看見過的「上海話拉丁化」方案裏，清音的ㄅ是以p表示的，濁音的ㄅ是以b表示的，至於ㄆ却以p表示。這在它本身原是合理的，只可惜「北平話拉丁化」與它同屬於一家，而拼法恰恰相反：它是以b表示ㄅ，以p表ㄆ。這樣，非但顯得方案的紛亂，同時也使上海人有機會讀些北方文字的時候，感覺習慣改變的困難。如果修改上海的方案來遷就北方，或修改北方的方案來遷就上海，都可以避免這種毛病。

所謂拼法一致，是相對的，不是絕對的。例如長沙的「巴」字(pa)與北平的「巴」字(pa)，依語音學上說起來，它們的音素是不同的。長沙的a發音時，舌的後部翹起；北平的a

發音時，舌面頗似平放的姿態。但是，我們儘可以把長沙的a北平的ɑ寫成同一的形式（長沙的「巴」字也作pa，不必作pɑ）因爲長沙有a無ɑ，北平有ɑ無a（註八），我們儘可以把長沙的a當做北平的ɑ。這在「描寫的語音學」上是不合理的，而在文字的實用上却正是最合理的辦法。除非在某一方言裏既有a又有ɑ，纔用得着兩種不同的寫法。總之，文字只是一種語言符號，並不是科學的音標，所以用不着十分嚴格地注音，甲語區的人學乙語區的語音，以語音學的眼光看來，本來就很難學得完全一樣，我們也並不要求它完全一樣；例如長沙人學北平話的「巴」pɑ字，唸成了pa也沒有什麼關係的。

提倡用羅馬字拼音的人往往主張以二十六個字母爲限，不另造新字母。這自然是對的。但若連附加符號也絕對不許用，就未免太過了。歐洲文字像法文，德文，西班牙文等，都用附加符號，其國民並未感覺不便。相反地，在某一些情形之下，它能給予寫字的人許多便利。例如上海的「看」字的韻母，在二十六個字母當中沒有適宜的字母可以表示它，與其用兩個元音合併（例如拼作keu或koe），倒不如乾脆採用了德文的ö（拼作kö），既省事，又便於認識。有人說，這樣會增加印刷上的困難。是的，不錯，現在我國的規模較小的印刷所只具備英文字母，沒有法德文字母（註九），若要印起法德文的字母來當然是困難的了。但是，將來漢字改革之後，我們應該適應本國的需要而鼓鑄鉛字，製造打字機，區區的附加符號決不是難於辦到的。在這過渡時期，暫用兩個字母併成一音，也不失爲權變的辦法，但不能因此就說附加符號是絕對不可用的。

（註一）參看第十六節。

（註二）規定第二式就比通融好些；通融是無限制的，規定是有限制的。

（註三）此處暫時認南昌話爲屬於客家系統。

（註四）但土音以用於本地爲限。若以土音的文字在外地發表，效力是很微的，倒反使人覺得中國文字太紊亂了。

（註五）其實不標聲調還有一個好處就是使方言複雜性在紙面上顯得簡單些。例如「哭」字，北平，重慶，長沙都唸〔k'u〕，而聲調各不相同（北平混入陰平，重慶混入陽平，長沙唸入聲，）如果不標聲調，「哭」字的寫法在三個區語裏都相同了。

（註六）忘了在那一篇文章裏見過。

（註七）例如「終結」，「關閉」，「書寫」，「寫作」之類。

（註八）都是指不帶韻尾時而言。

（註九）這裏所謂德文字母是指拉丁字體而言。

第三章　改革的方案（上）

第八節　簡體字

簡體字的提倡者可以分爲兩派：甲派主張就宋元以來的俗字，擇其可用者，由教育部頒行；乙派主張除在民間已流行的簡體字當中，選擇若干字外，還創造一套新字，完全以筆畫簡單爲原則。甲派可以錢玄同先生爲代表（參看黎錦熙國語運動史綱序頁二九至三五），乙派可以陳光堯先生爲代表（陳先生著有簡字論集）。

簡體字的利益極爲明顯，就是寫起來省時間。宋元以來的簡體字，依錢玄同先生的分析，有八種構成的方法：

1. 將多筆畫的字就它的全體删減，粗具匡廓，略得形似者；
2. 采用固有的草書者；
3. 將多筆畫的字僅寫它的一部份者；
4. 將全字中多筆畫的一部份用很簡單的幾筆代替者；
5. 採用古體者；

6. 將音符改用少筆畫的字者；

7. 別造一個簡體者；

8. 假借他字者。

但是，在同一方法之下，所構成的簡體字的通行區域也有廣狹之分。像「體會還過鐵壽聲寶處燈響竈」的簡體（註一），是全國人都認識的；至於「衆」作乑，「虧」作亏，「蘭」作兰，「戴」作大，就有許多地方的人不認識了。有時候，同是一個字而有兩個俗體，通行於不同的地域：例如「價」字，北方人寫作「价」桂林人却寫作「伝」。又有些新造的簡體字，只能通行於一部份的青年智識份子之間，例如「譯」作「訳」，「識」作「訳」，「塊」作「块」，「國」作「口」。尤其是錢先生所舉的第六第八兩種構成方法，流弊更多，因為中國方言複雜，在甲地為同音的字，在乙地未必同音。例如選字省作「选」，官話區域的人就不容易了解；「汗」字借作「漢」，吳語粵語區域的人也不容易了解。由此看來，教育部所能公佈的簡體字是很有限的：宋元時代流行而現在已廢的，不能公佈；僅為某一區域所認識的，不能公佈；青年所創造，未曾通行者，也不能公佈。剩下來可以公佈的，恐怕不滿一千字了。

最令人百索不得其解的，乃是教育部一度公佈簡體字，却教小學生同時認識繁體。這些全國認識的簡體字，我們天天看見它們，天天寫它們，何煩教育部公佈？學生之喜歡簡體字，如「水之就下」，今天國文教員在字旁畫了一個大叉，明天的卷子上它又來了，又何煩教育部的提倡？如果說是正式批准，讓學生放膽去寫，國文教員也不必再打叉，這話有些道理了，却又何苦叫他們同時認識繁體呢？本爲避繁就簡，却弄成了簡上加繁，這不是所謂「治絲益棼」嗎？我以爲教育部如果要公佈簡體字，必須同時廢止繁體字，否則所謂公佈者，對於漢字之改革，毫無影響，徒然增加書寫上的糾紛而已。

其次說到創造的新簡體字。我們看過了陳先生的簡字論集之後，很佩服他的創造力。漢字的筆畫太簡單的時候，往往不容易寫得好看，而陳先生的書法却還能引起美感。據說每字至多不出十二畫的範圍，平均每字僅有七畫，普通各字均在六畫左右。每小時可寫此項簡字楷書者一千，行書者多至二千以上（註二）。可見簡體字寫起來確是節省時間了。

但是，簡體字的創造者，只知道節省寫字的時間，却忘了識字的困難，與書寫的難於正確。黎錦熙先生說：

「簡體字在書寫上誠然較便，但在閱讀上却和繁體字一樣地不便於認識，這是教育心理學者從實際教學上得來的結論（因此，十多年來的小學國語教科書都已改良，不像從前定要把筆畫簡單的字編在頭一本了）。儘管漢字全都改良爲簡體字，在訓練的效率上也只能省力一半。」

我的意見却比黎先生的更進一步：我以爲簡體字比繁體字更不便於認識；只就書寫上而論，也不見得較便。茲分論如下：

我們看書認字，並不是呆板地細數每字的筆畫，只簡單地看出它的一個輪廓就知道是什麽字了。例如「觀」字，我們只要看見了左邊上方一個「草頭」，右邊下方一個「橫挑」，就知道它是「觀」字了。可見繁體字並不難認。反過來說，簡體字因爲筆畫太少，往往甲字與乙字的形式相差甚微。假定普通各字均在六畫左右，我們試想，若以橫豎撇捺點鈎種種可能的變化與六畫相乘，其可能的不同的結構是有限的，於是勢必弄得許多字的差別僅在一點半畫之間。豈不是比繁體字更難辨認嗎？我們又試把「天夫」「千干」等字交給兒童辨認，立刻可以證明它們比「魚」「豬」「樹」「河」之類更爲難識。今按陳氏書中「回」作囙，極易與「日」相混；「同」作冂，極易與「月」相混；其餘如「來」作朩，「成」作𢦏；「萬」作万，「方」作方；「致」作㚈，「改」作攺；「志」作士，「忘」作亡；「寸」「可」「等」作寸亍寸；「重」「堂」作重圭，「所」「斯」作斤听，「止」「隱」作匕乚，「禍」「初」作礿初，「終」「夕」作夂夕，「孝」「存」作孝孑，諸如此類，不勝枚舉，眞是令人目迷五色。若不是「明足以辨秋毫之末」就會混而同之！但是，這並不能怪陳先生，只是整個的學說迫他不能不如此。無論是誰，如果他抱定至多不過十畫（或六七畫）的主張去改造漢字，一定會走上這一條「絕徑」去的。

即就書寫上而論，因爲簡體字難認，同時也就難於寫得正確。由此看來，簡體字雖得了省時間的好處，却增加了容易寫錯的弊病，眞是得不償失。寫錯不要緊，寫錯而與另一個字相混，就不能說是不要緊了。我們須知，筆畫相差很微的字，正是極端容易寫錯的字。近來我教了六個月的大學國文，常常在作文卷上看見學生把「候」寫作「侯」，「拆」寫作「折」，「叫」寫作「叶」，「偏」寫作「偏」，「逐」寫作「遂」，「述」寫作「迷」，「己」寫作「已」，「惑」寫作「感」，「爪哇」寫作「瓜哇」，「坦白」寫作「垣白」，等等。（他們是大學生！）可見一點半畫的差別是最不容易分辨的。創造的簡體字推行之後，我們將見文字的紊亂，有十倍於原有的漢字者！本來，漢字之相差甚微者已經不在少數，幸虧有些字已隨着時代的推移而漸被淘汰，所以「丐」與「丏」，「柄」與「枘」，「訴」與「訢」，「汎」與「汛」等，不再勞一般學生的辨認（因下一字已經不大用得着了）。不料現在竟有人推波助瀾，再替漢字造出一些新麻煩來，眞是大可不必！

黎錦熙先生說得好：「新造的簡體字和拼音文字在「小百姓」是一樣的不認得，推行上是一樣的難，那又何必捨棄後者而傻矜前者呢？」我們完全贊同這一個說法，簡體字創造的路是絕對走不通的，徒然顯得不澈底而已。

第九節　新形聲字

漢字據說是根據「六書」造成的，然而形聲字却佔十分之九以上。為了語音與詞義的演變，弄得現在許多形不像形，許多聲也不像聲。試查字典「馬」部，有姓馮的「馮」，馴服的

「馴」，辯駁的「駁」，行駛的「駛」，駭怕的「駭」，驕傲的「驕」，欺騙的「騙」，騷擾的「騷」，驀地的「驀」，試驗的「驗」，驚慌的「驚」，驟然的「驟」，撇開字源學不論，我們不懂它們與馬有什麼必然的關係。這是形的方面不妥。又試看從「台」得聲的字，有唸像「臺」字音的（苔，炱），有唸像「海」字平聲的（咍，痞），有唸像「態」字平聲的（胎，邰），有唸像「頤」字音的（飴，怡，詒，貽，貽），有唸像「癡」字音的（笞，齝），有唸像「思」字上聲的（枲），有唸像「詩」字上聲的（始），有唸像「代」字音的（殆，怠），有唸像「遲」字去聲的（治）。撇開古音學不論，它們的系統非常紊亂。這是聲的方面不妥。因爲形聲兩方面都不妥，所以有人提倡「新形聲字」。

新形聲字雖不見有專書提倡過（註三），然而依我們的推測，不外是：（一）把漢字重新依邏輯分爲若干種類，每一個種類給予一個意符（即形）；（二）重新改定音符（即音），務使同音的字不至於不同音符，不同音的字不至於同音符。本來沒有音符的，也給它加上一個音符，總之，目的在乎使漢字整齊化，合理化。

但是，在這大原則之下，當然還容許有種種不同的方案。例如對於種類的區分，各人的觀點很難一致；對於同音不同音的標準，有主張用北平音（國音）的，有主張用另一種方音的，也有主張參照古今南北之音的。至於意符音符的形式在各人的方案裏，更不容易相同了。

種類的區分是很困難的。先說語言與邏輯並不是完全一致的；我們不能拿邏輯去支配語言，同理，也不能拿它來支配文字。我們現在要把漢字重新分類，總不免或多或少地遇着實施上的困難。例如「有」「是」「爲」「能」「可」「治」「理」等字，就很難於歸入恰當的門類裏去。退一步說，縱使由一位邏輯學大家把它們分得妥當了，在民衆的實用上勢必發生困難。一般民衆沒有邏輯的腦筋，對於意符的應用必多錯誤。叫他們硬記嗎？硬記三五個字是可以的，若硬記至於漢字全數的一半，就非常討厭了。現在許多漢字的意符固然也憑硬記（如上面所舉「驚」「駁」等字），但它們還有民族的習慣幫助着；若改革以後的新漢字的意符也憑硬記，又何必多此一舉呢？

若要補救分類上的困難，唯有對於容易歸類的字給予意符，其餘難於歸類的字就不用意符，專用音符。原來屬於「象形」「指事」而筆畫又簡單的字（如「父」「母」「子」「女」），有一部份可以不必更改；除了原字的用途照舊之外，還可以借它們做同音字的音符。照此辦法，我們只要把漢字分爲鳥、獸、蟲、魚、草、木、身體，心理，人倫……等等極容易分別的種類，各給予適宜的音符（例如除蟲魚鳥草木可用原來的音符外，獸類可一律從「犬」，身體可一律從「肉」，心理可一律從「心」，人倫可一律從「人」），其餘就都讓它們專用音符，以趨簡易。舉例如下（註四）：

獸類——牛羊馬⿰犭朱（豬）⿰犭勾（狗）⿰犭毛（貓）⿰犭后（猴）；

身體——面耳眉目口牙舌臑（鬚）⿰月后（喉）⿰月竟（頸）⿰月貝（背）

心理——喜肯忺（願）憒（驚）愃（疑）

人倫——父母子女侗（童）佔（姑）伊（師）侇（姨）

其次說到音符方面，有人主張用注音字母，我是不贊成的，因爲寫起來太不美觀。我們只嫌音符不統一，儘管使它統一好了，不必另起爐竈。依著者的意見，新形聲字對於漢字，旣採取妥協的態度，自然應該保存漢字標音的特色，就是本書第一節所論的「代數式」的音標不宜廢棄。我們應該儘量採用舊有的音符，只加以整齊劃一的工夫就是了。至於同音不同音的標準，我是主張參酌古今南北的，因爲不如此則不足以表示「代數式」音標的特長。例如「恥」字，若以北平音爲準，很可以寫作「忯」但是江浙皖贛粵閩各省的人見了，仍舊是音符不像音符，因爲在這幾省的語音裏「恥」與「尺」並不同音。同音不同調，還可以用同一的音符；否則仍蹈漢字的覆轍。凡用同一音符的字，若要全國人都覺得確是同音，大約須合於下列的幾個條件：

1. 淸音字的音符可以平上去通用，濁音字（破裂及塞擦）的音符則平聲不宜與上去混；
2. 入聲宜絕對獨立；
3. 聲母宜大致依照「三十六母」，韻母宜大致依平水韻（註五）。

今舉例如下：

1. 虒（題）挮（提）嗁（啼）；

2.先（先，鮮）侁（仙）痥（癬）絖（線）；

3.馬（馬，碼）嗎（罵）蔦（痲）傌（媽）瘍（痲）；

4.羊咩（陽）样（楊）拦（揚）洋鮮（養）痒（癢）。羊（樣）；

5.昔錯（錫）措（析）（註六）；

6.失実（室）。

以上只是替「新形聲字」主張者設想，以爲新形聲字假使有實現的一天，恐怕離不了這一些原則。但是，新形聲字會不會成功呢？

依理，新形聲字該比拼音文字容易成功，因爲它對於漢字只是部份的改良，不是澈底的改革。然而這種部份的改良也應該是漸進的，才容易成功。譬如政府決定改用新形聲字，雖可以召集若干文字學專家，來制定整套的新字，但不可作一次公佈。假定每半年公佈常用字一百個，使以後出版的書籍一律遵用，那麼，民衆得從容地與這一百個新字厮混熟了，再來一百個，就不覺得「過事更張」，也不覺得滿紙的陌生臉孔。這樣經過了十餘年，新形聲字都公佈完了（最後幾年公佈的字是不很常用的，儘可以每半年公佈幾百個），大家也都習慣成自然，就算成功了。

由此看來，新形聲字是容易推行的；不過，我們要進一步追問它的利弊如何。關於利的方面，當然是能使漢字整齊化，合理化，而整齊合理的文字當然是比較容易學習，至於弊的方面呢，就只怕將來的人讀古書稍為困難些。總而言之，它是「利不多而弊不大」的一種方案；拿它做一種「治標」的辦法未嘗不可以，然而難認難寫的漢字終不能因此就得到一種根本的解決。

第十節　唯聲字與複音字

我們可以想像一種就漢字本身改變而成的純粹音標文字，換句話說就是廢除意符，純用音符。為了保存代數式的音標，我們可以大致依照上節所述音符的條件，就是參酌古今南北，使這些音符能適合全國之用。凡全國同音（註七）的字，必須用同一的音符，以求劃一。例如拿「仝」字做音符，則「同志」應作「仝志」，「兒童」應作「兒仝」，「梧桐」應作「吾仝」。有時候，一時沒有適宜的簡單音符，不妨借用形聲字為音符，例如「郎」仍作「郎」，但黃鼠狼應作「黃鼠郎」，以求一致。這樣，大約只要一千個音符儘夠應用了。這可以稱為「唯聲字」或「純音字」。它是以音段(syllable)為單位的，與拼音文字不同。只有漢字能用唯聲字，因為每字只包含一個音段；如果像英法德文那樣，每字能有幾個音段，就不能用它了。下面是紅樓夢第六回當中的一段，用唯聲字寫成的：

半日丫雀不文之后，忽見兩个人台了一章亢卓來，方在這扁亢上。卓上盌盤拜列，仍是蒲蒲的魚肉在內，不過略動了几羊。板兒一見了，卞抄着幺肉吃。劉老老一巴章打了開去，忽見周瑞家的笑喜喜走過來，昭手兒叫他，劉老老會衣，于是帶着板兒下亢，至堂屋中。

由此看來，所謂唯聲字，在文字學上可以叫做儘量假借，若照普通的說法，就是儘量寫別字。近年因爲大家說漢字難學，也有一部份人提倡寫別字，這與提倡「唯聲字」差不多；不過「唯聲字」該是有系統的，每一個音素該有一定的音符，並不像隨便寫別字那樣漫無系統。

趁此機會，我們可以談一談別字。假定教育部通令允許或奬勵民衆隨便寫別字，漢字的前途會變成怎樣呢？我們敢斷定，這樣一來，將來的漢字的系統會比現在更爲紊亂。這裏所謂別字，專指同音不同義的字而言。然而我們須知，甲地同音的字，在乙地未必同音，若大家依照本人的方音而寫別字，將有許多字是帶地方色彩的，別處的人看不懂，或猜半天才懂。例如北平人把「隨聲附和」寫成「隨聲付合」，「驅使」寫成「趨使」，「風雨交加」寫成「風雨交夾」，「絕對」寫成「決對」，「興趣」寫成「幸趣」，「醫藥罔效」寫成「醫藥枉效」，「淺薄」寫成「淺博」，都是吳語，閩語，粵語，湘語，客家話諸區域的人所不能了解的；又如江浙人把「喪心病狂」寫成「傷心病狂」，「固然」寫成「果然」，「名落孫山」寫成「名落深山」，「概不過問」寫成「概不顧問」，「負責」寫成「負職」，都是北方人與閩粵人所不能了解的；又如廣州人把「澈底」寫成「切底」，「苟安」寫成「久安」，卻又是大多數的中國人所不能了解的（註八）。這樣「只管音同，不顧義異」的結果，勢必造成漢字的分家，換句話說，就是因方言的歧異而造成了好幾種漢字。漢字的好處在乎全國通用，現在如果願意犧牲了這個好處，就不妨索性走上拼音的路；何必在這四不像的別字上提倡呢？

有人說，我們正可以憑借「別字」的搗亂性去打倒漢字，以便建設新的文字。殊不知漢字的改革不難在破壞，而難在建設。漢字到了今日，其系統已經紊亂得可觀，我們用不着推波助瀾，也用不着幸災樂禍，我們所應該用全副精力去研究的，是怎樣補救這種紊亂狀態，或建設一種極有條理的新漢字。總之，我們現在不愁漢字打不倒，只愁漢字打倒了，却無以善其後。假使眞有好的建設方案，漢字不打自倒；假使沒有好的建設方案，將來漢字固然一天比一天更不成樣子，但這種狀態只能增加民衆的不幸，不會給予他們任何的利益的。

現在我們回到唯聲字，唯聲字當然比隨便寫別字好得多，因爲它是有組織，有條理的，同時又兼顧各地的方音，使全中國每一個人讀起來，都覺得是同音假借。但是，唯聲字也有一個缺點：儘管它兼顧各地的方音，同音字仍嫌太多。大家知道，中國的字是單音的，而且沒有複輔音如 bl, st 之類，可能的音段的數目勢必甚少。就北平而論，只有四百餘個單音，現在兼顧各地的方音，大概可增加至一千多，而中國常用字恐怕將近一萬，可見平均有八九個字同一音；有些字音是「僻音」（如「丟」），有些字音却最是常用，大約有數十字同一音的。同音字太多了，讀者，就要費神去猜測，這是很不便利的事情。

爲了補救唯聲字的缺點，我們可以想像一種「複音字」。複音字是把兩個以上的音符湊成一個字，這個字就讀兩個以上的音段。換句話說，就是把每一個複音詞寫成一個單字，但這單字必須是標音的（註九）。例如「犧牲」可寫成牲，「玫瑰」可寫成瑰。這種辦法，等於詞兒連寫，同音字太多的毛病可以避免了。當然，原來的單音詞，我們不能勉強寫爲複音字；但是，現代的複音詞很多，若把它們都寫成複音字，已經很可觀了。

起初的時候，最好是以雙音詞爲限，暫時勿造三音詞或四音詞。實際上，我們也可說中國並沒有三音詞或四音詞，它們都只是兩個詞的組合：圖書館可認爲「圖書」之「館」，物理學可認「物理」之「學」，社會主義可認爲「社會的」「主義」。我們只須寫成圕官，物孛，捦扠，就是了。這樣可以省得字體過於臃腫。

表面上看來，複音字與簡體字恰恰相反：簡體字力求每字的筆畫減少，複音字倒反使筆畫增加。但是，我們不要忘了複音字乃是原來兩字的總和，它比原來兩字的筆畫已經少了許多。試看上面所舉的例子「犧牲」兩字原有二十九畫，複音字只有九畫；「玫瑰」兩字原有二十二畫，複音字只有十九畫；「圖書」兩字原有二十四畫，複音字只有二十一畫；「物理」兩字原有十九畫，複音字只有十一畫；「社會」原有二十一畫，複音字共有十四畫，「主義」原有十八畫，複音字共有八畫。由此看來，複音字也正是簡體字。像「玫瑰」與「圖書」還可以漸漸改爲更簡單的形式。這樣一來，複音字而兼有簡體字的優點，眞可謂一舉兩得了。

複音字的最終目的，是使：（一）複音詞成爲複音字，（二）單音詞成爲唯聲字，然後進一步而改用拼音文字。但是，在過渡時代，我們對於單音詞，不妨仍照漢字的原形，只把複音詞先改爲複音字。這樣，在一般人的習慣上不大覺得「刺眼」，比較地容易推行，同時，漢字已經因此而趨於合理化，因爲每字代表一個詞兒，已經不像現在這樣沒有系統了。

依我們的意見，複音字的推行也應該是漸進的。假使教育部每半年公佈複音字五百個，那麽，一萬字的文章裏大約只有一二百個複音字，不知不覺地把人們引誘到複音字的路上去。這種潛移默化的辦法，是最容易成功的。縱使教育部不公佈，只要大家提倡，印刷廠肯鼓鑄複音字，青年們會馬上模仿，不出十年，全中國也就都是複音字的勢力了。

複音字的好處很多：它是拼音文字的橋梁，同時卻不十分違反漢字的習慣；它可以或多或少地滲入漢字羣，使大家似曾相識；它因爲除去了意符，筆畫自然簡單；它可以使一般人了解怎樣是一個「詞」(word)，將來應用拼音文字時，自然會把詞兒連寫。所以我們覺得它比簡體字或新形聲字都好。在沒有改用拼音文字以前，大家不妨把複音字仔細研究，定出一個詳細的方案來，以便推行。這裏因爲印刷上的障礙，不便多舉例了。

第十一節　注音字母與注音漢字

注音字母本非爲代替漢字而設。然而它既是一種音標，則替代漢字，並非絕對不可能。今試假定拿它來替代漢字，而懸測其利弊如何。

注音字母雖有點像舶來品，其實是淵源於反切及等呼。它爲帶鼻音的韻製造ㄢㄣㄤㄥ四個韻母，並不依西洋的拼音原則拼成ㄚㄋ，ㄜㄋ，ㄚㄤ，ㄜㄥ，這是想要保存「上紐下韻」的雙拼法。然而它又規定一ㄨㄩ為介母，適用三拼法，這又是要與「開齊合撮」的分類相符合。這樣看來，它畢竟是國貨的成分居多。

我們並不因為它不是舶來品而排斥它；相反地，我們以為「上紐下韻」的拼音法實在適宜於中國的語音系統。著者還贊同王照的意見，專用雙拼法，不用三拼法（註一〇），大約在現行的三十七個字母（本有四十個「國語只用三十七）之外，再加十八個（即為一ㄚ，一ㄛ，一ㄠ，一ㄡ，一ㄢ，一ㄣ，一ㄤ，一ㄥ，ㄨㄚ，ㄨㄞ，ㄨㄟ，ㄨㄢ，ㄨㄣ，ㄨㄤ，ㄨㄥ，ㄩㄝ，ㄩㄢ，ㄩㄣ，各製一個簡單的字母，原來的ㄛ可當ㄨㄛ用，ㄝ可當一ㄝ用）共成五十五個，字母的數目雖然增加，但在民衆的應用上必更便利，（現在一ㄢ，一ㄣ，一ㄥ，一ㄡ，的拼法是很難了解的）拼音的法則上也更顯得整齊，寫起來也省些筆畫。這樣一來，竟是脫胎於二千年前的「反語」舊法（四呼只是明清音韻學專家的學說，不如「反語」之古，也不如「反語」之通俗）。舊雖舊，却是容易拼讀，容易認識。

如果真的要拿注音字母替代漢字，當然要詞兒連寫。這在注音字母並不是辦不到的；恰恰相反，它比羅馬字更適宜於詞兒連寫。例如羅馬字 Sinan 既可讀為「西南」，亦可讀為「新安」，為了分別起見，我們唯有把兩字隔開，寫成 Si-nan 或 Sin-an；注音字母則「西南」寫作ㄒ一ㄋㄢ，「新安」寫作ㄒ一ㄣㄢ，決無混亂的可能，這就是「上紐下韻」的功效。

有人說注音字母不美觀，注音還可以，替代漢字未免太不夠資格。這話也有若干理由。但是，漢字很美觀，它是數千年的書寫藝術的結晶，我們爲什麼要廢棄它呢？就功利主義的立場說，與其美觀而不便利，寧可便利而不美觀。何況經過若干時期的練習，也可以寫得相當美觀。不信請看錢玄同先生所寫的注音字母（註一一）。

依著者的意見，注音字母的最大缺點是不能國際化（註一二）。漢字不改爲拼音則已，若要改爲拼音，何不索性應用羅馬字母，以求適合國際習慣？況且智識社會既與羅馬字母非常熟習，採用它來拼寫漢字，總比陌生的注音字母好些（奇怪得很，注音字母宣傳了這許多年，青年學生還是大多數不認得它）。

不過，我雖不贊成拿注音字母替代漢字，却贊成它與漢字相輔而行，因此，我對於「注音漢字」的主張，認爲合理。所謂注音漢字，乃是仿效日文的辦法，把注音字母釘死在漢字的旁邊，使每一個漢字都有它的代表永遠陪伴着。有人說，注音漢字沒有用處，因爲讀者的眼睛只看見漢字，不看見字旁的注音字母。這話自然也有理由。但是，我以爲注音漢字的用處不在乎注音，換句話說就是不在乎令人知道漢字的正確讀音，而在乎使不懂漢字的人有閱讀書報的機會。如果有人因爲要知道一兩個漢字的讀音而注意到字旁的音標，這自然是可以的，但這只算是注音漢字的次要用途；它的主要用途却在乎使每一個字有兩個不同的面孔，使懂漢字的人看漢字，懂注音字母的人看注音字母，各得其所。

注音字母是極容易傳習的：但如果沒有注音漢字，則學會了注音字母而不懂漢字的人在這社會裏依舊是文盲。有了注音漢字，則認識注音字母的人就差不多等於認識漢字了。剩下來很難解決的乃是鼓鑄鉛字的問題；經費難籌姑且不說，單說字粒的大小，已經很費考慮了。字小則注音字母會十分模糊；字大則紙張太費，書報的成本太大。而且，鼓鑄起來，恐怕至少要鑄國語，吳語，閩語（又分福州廈門二種），粵語，客家話的注音漢字，共在六種以上，又是非鉅款不辦的。所以注音漢字的普遍施行，恐怕不是短時間所能辦到。但暫時不妨先用它來印刷民衆學校課本，通俗書報；尤其容易辦到的乃是官廳的佈告，宣傳的標語等。不過也須同時努力傳習注音字母，否則注音漢字的效用就等於零了。

第十二節　自創的拼音字母

上節所論的注音字母，它並不是近年才創造出來的，乃是「取古文篆籀逕省之形」，「異於鄉壁虛造者所爲」（註一三）。至於像王照的「官話合聲字母」，採取漢字的某一部份，作爲字母，已經近於鄉壁虛造了；若像盧戇章的「中國切音字母」，簡直是隨意杜撰，毫無根據。盧氏以後，像他那樣隨意杜撰的人不在少數，直到現在，還有許多人在嘗試其自創的拼音字母。

我們對於「取古文篆籀逕省之形」者並不特別看重；對於「鄉壁虛造」者，也並不看輕。我們所要批評者，乃在其實用上的利弊。自創的拼音字母大致可分爲兩種：第一種是純粹拼音的字母；第二種是非純粹拼音的字母。所謂「非純粹拼音的」是雜有「意符」或「詞性符」在內（註一四）；但是，關於改造的意符，我在第九節裏已經討論過；關於「詞性符」，我將於第十六節裏論及。雖則第九節裏所論的意符是就漢字改良的，第十六節裏所論的「詞性符」（又稱「類符」）是借用羅馬字母的，與此並不全同，但它們的利弊却是差不多。所以本節專論自創的純粹拼音的字母。

自創的純粹拼音字母，據我所見過的，可大致分爲三種：（一）聲母在前，韻母在後；（二）韻母居中，聲母在旁（如盧式）；（三）聲母韻母聲調畫成一條頗長的屈折線，牽連不斷（註一五）。第一種最合國際拼音習慣；第三種最見巧思；第二種也可說是別開生面。不過，在應用上，我們該說是第一種便利些。

這些創造家的通病，是流於速記式。大家抱着一種幼稚的見解，以爲漢字之難在繁，新字的筆畫越簡越好。殊不知漢字之難認難寫，只在乎其結構之不合理；至於筆畫之繁簡，乃是很微末的問題。筆畫太簡了，寫起來雖省時間（等於速記），認起來却加倍困難（理由見第八節）。例如盧氏的「切音字母」，多則兩畫，少則一畫；又如上面所述第三種拼音字，把聲韻調畫成一條屈折線，每字總是以一畫了之，誰能比他們更簡單呢？然而我們讀到這種文字，就只好拿着擴大鏡去辨別秋毫之末，這又是何等不便利的事情！速記術的歷史最悠久者莫若西洋各國，然而西洋從來沒有人主張拿速記式來替代文字。中國現代速記家如汪怡劉學濬諸先生也不曾主張拿他們的速記式來替代漢字，因爲凡是稍有語言學常識的人，都知道速記式與文字是截然不同的兩樣東西，分則兩利，合則兩傷的。

此外，還有一個通病，就是拿點角法來分別聲調，例如勞乃宣的京音簡字，陰平加點於韻母的左上角，陽平加點於韻母的左下角，上聲加點於韻母的右上角，去聲加點於韻母的右下角。盧戇章的辦法頗有不同，除無聲母的字仍用點角法外，陰平字的聲母寫於韻母的左下角，陽平字的聲母寫於韻母的右上角，上聲字的聲母寫於韻母的左旁，去聲字的聲母寫於韻母的右下角。這也可以說是點角法的變相。點角法起源於「讀破法」；讀破法至遲是六朝就有的，但加圈於字角以示讀破，似乎是宋朝以後的事情。勞乃宣不過變圈爲點，又因「京音」沒有入聲，故把聲調的位置移動。到了民國七年的注音字母，又把位置恢復從前的原狀，陰平無符號，陽平點左下角，上聲點左上角，去聲點右上角，入聲點右下角。至民國十一年，點角改爲聲調的曲線，陰平無號，陽平作／，上聲作ˇ，去聲作＼，入聲作·。這些辦法雖各有不同，而其要求寫者自標聲調則無二致，因此，每一個中國人必須先學會了分別聲調，然後能寫得正確。聲調這一樣東西，說易就易，說難就眞難。據我的教書經驗，也有八歲孩童學會了的，也有大學生學不會的：大致統計起來，終是學不會的人居多。我有一位朋友曾任大學教授多年，他很虛心地向我請教怎樣分別四聲，我也很熱誠地教他，結果他非但沒有學會分別詩韻中的四聲（這自然是很難的），連他自己說的北方話的四聲也是分辨不清。可見四聲是令人頭痛的東西，我們絕對不該要求寫字的人自標聲調。

自然，自創的拼音字母也有優劣之分。譬如拿勞乃宣的方案與盧戇章的方案比較，則見勞乃宣的字容易認識（正因它們的筆畫太不簡單），而盧戇章的「相連號」（頗似詞兒連寫）却遜於勞乃宣。但是，這些都是小問題，最大的缺點乃是它們不能國際化，不能利用十餘萬萬人所認識的羅馬字母。另起爐竈總是困難的；那怕它比漢字確是千倍容易，而在已識漢字的人看來，因為陌生的緣故，倒反覺得困難。若用羅馬字母，智識社會是熟習了的，就加倍容易推行了。我們不要以為這種拼音字母非專為智識社會而設，須知它全靠智識界的宣傳與首先實行，智識份子學起來便利，就有「不脛而走」的效力。因此，我們可以斷說自創拼音字母是枉費心機。

第十三節　國語羅馬字

「國語羅馬字」的創造者本來希望將來它可以替代漢字；只因他們認為時機未至，所以甘心暫做「國音字母第二式」，其用途暫以注音譯音為限。總之，「國羅」派是認定「國羅」有替代漢字的資格，不過他們同時承認這事不是短期間內所能實現罷了。

「國羅」的方案，大致是儘量利用二十六個字母，不添新音標；遇必要時，可以拿兩個字母表示一個音素如以 ng 表兀，以 ch 表ㄑㄔ，以 gn 表ㄬ，以 sh 表ㄒㄕ，以 iu 表ㄩ，等等。對於每一個漢字，以標寫元音爲原則，故「知癡詩資雌思必須寫成 jy, chy, shy, tzy, tsy, 不復能如注音字母之僅寫聲母。

「國羅」還有一個特色，就是改變拼音法來表示聲調。陰平聲用基本形式，但濁音的字則在聲母的後面加h；陽平聲如遇普通韻母則在元音後加r，如遇i與u韻，則在韻母的前面加y與w，如遇結合韻母則改韻頭的i與u爲y與w，如遇濁聲的字則用基本形式；上聲如遇韻母中只有一個元音字母時，則把它雙寫，如遇韻母中有兩個或三個元音字母時則改其中的i與u爲e與o（韻頭與韻尾都有i與u者改頭不改尾）如遇結合韻母獨用時則在它的前面加y與w，但iee與uoo兩韻則改韻頭的i與u爲y與w；去聲則改韻尾的i, u, n, ng, l爲y, w, nn, nq, ll或在韻母的後面加h，如遇結合韻母獨用時則改韻頭的i與u爲y與w，但ih, inn, inq, uh四韻則在它的前面加y與w．入聲在基本形式後加q，若結合韻母獨用時則改韻頭的i與u爲y與w，但iq與uq兩韻則在它的前面加y與w；輕聲用基本形式，但「子」字省作tz.

「國羅」的創造者大半是語音學專家，非但基本形式很合國際習慣，就是改變拼法來表示聲調的時候，也儘可能擇用西洋習見的拼法，並處處顧及音理。

正因如此，所以弄得拼法非常複雜。例如陰平聲本可完全用基本形式，以求一律，但濁聲字唸陰平的很少，不如另造拼法，剩下來那基本形式給陽平聲的濁聲（因爲「濁平」十分之九是陽平）。又如陽平聲本可完全在元音的後面加r以求一律，但加r而r又不發音，到底是不得已的事情，故凡可以就元音改變拼法時，就不必加r。這樣面面俱到，就弄成極複雜的拼法了。依著者的私見，如果要拼寫聲調的話，似乎可以犧牲若干音理，而求其拼法的整齊劃一。例如陰平聲一律用基本形式，陽平聲一律加r等等。

「國羅」的拼寫聲調，近年來極爲「拉丁化」派所抨擊。他們以爲聲調是深奧難曉的東西，不該要求全中國人都能分辨其種類。平心而論，這話如果拿來批評上節所述的「點角法」，自然是對的；如果拿來批評「國羅」，卻不能令人悅服。「國羅」並沒有叫每一個人學習四聲。依我所能想像，教授「國羅」的時候，該把韻母的部份（即元音字母的部份）先行教授，例如寫下了 i, yi, yii, ih 就教學生唸「衣」「移」「椅」「意」，並不告訴他們「衣」是陰平，「移」是陽平，等等。韻母的部份教懂了之後，再教拼音，例如 ji, shi 就是「基」「希」，jih, shih 就是「記」「戲」，也並不告訴他們「基」「希」是陰平，「記」「戲」是去聲，等等。這樣，民衆完全用不着懂四聲，而「國羅」終可以學會。本來，「聲」「韻」「調」三者的區別乃是我們語音學者的玩意兒，一般民衆就只懂得同音不同音。他們所謂同音，是指聲韻調俱同而言，如果聲韻俱同而調不同，在他們仍舊覺得是不同音。不同音的字寫成不同的形式，在他們覺得是最合理的事。

我們固然也不能贊同「國羅」的拼寫聲調，但我們所持的理由與「拉丁化」派不同。我們覺得聲調的標出會使非北方的人更難學習「國羅」，因爲北方沒有入聲，凡原屬入聲的字都轉入其他的聲調，並且沒有嚴格的或簡單的條理。南方的人，有些是保存入聲的（如浙皖江湘贛閩粵及桂南），有些是入聲一律轉入陽平的（如鄂蜀滇黔及桂北），都與北方的聲調系統不合，所以每遇入聲字就很難知道它在國語應屬何聲。例如「尺」字，我們毫無辦法可以推知它在國語中是屬於上聲；又如「哭」字，我們也不能推知它屬陰平。於是差不多每一個入聲字都要硬記，「國羅」就難了幾倍了。

「拉丁化」派又怪「國羅」派強迫全國人去學習某一地的土音，並且把它稱爲國語。關於這一層，我們在第二章第五節裏已大略論及。國語是必要的，把某一地的土音定爲國語的標準也是未可厚非的；北方話的語音簡單，容易學習，所以我們看中了北方話；北方話當中以北平音爲勢力最大，傳播最廣，所以我們看中了北平音。我們對於北平音無所偏愛，只是愛它那數百年來爲政治所造成的大勢力，在說話上，我們主張儘量模仿北平音，不過「知資」，「癡雌」，「詩思」，「根庚」，「斤經」，的混淆可以通融；在文字上，我們主張「尖團字」最好是有分別，如果不能分別也不要緊。我們對於國語的意見是與「國羅」派大同小異的，我們不能了解爲什麼要取銷北平話的國語資格。

總之，「國羅」如果肯略爲修改它的聲調拼法，以求其整齊劃一，終不失爲一種站得住的方案。它之所以沒有成績，只因政府沒有極力幫忙，而單靠幾個學者的提倡與少數知識份子的宣傳；並非因爲它本身是完全要不得的東西。這一句公道話是不能不說的。

（註一）爲減省印刷麻煩起見，凡易知的簡體，就不寫出了。

（註二）見簡字論集，頁十。

（註三）據著者所見，只有唐蘭先生古文字學導論末一章是討論「新形聲字」的方案的。

（註四）有些字，筆畫尚嫌太多。但若至推行時，自然會有人修改爲簡體。

（註五）所謂「大致」裏頭含有許多文章，這裏不能詳細說明。

（註六）至於錯誤的「錯」，措置的「措」，又應作別的形式。

（註七）所謂全國，只是大致的說法。偶然也有例外。

（註八）例子都是從學生的作文卷子裏摘出，不是隨便捏造的。

（註九）近來有人把「圖書館」寫作「圕」，雖也可稱爲複音字，但不是標音的複音字。這種字偶用一二個還可，決不能依此原則造成整套的漢字。故本節不討論及此。

（註十）參看黎著國語運動史綱，頁二四。

（註十一）例如國語運動史綱的封面題字。

（註十二）參看第二章第七節。

（註十三）參看章炳麟章氏叢書別錄二，駁中國用萬國新語說。

（註十四）去年春天收到一位王士英先生寄給我一本新文字方案，就是雜有意符及調性符的。

（註十五）我有機會看見過一位陳長[illegible]先生的新文字初刊，就是屬於這一種。

第四章　改革的方案(下)

第十四節　區際羅馬字與文言羅馬字

我們在第一節裏談過，漢字之所以能通行全國，並非完全因爲它是尙形的，而是因爲它有代數式的音標。現在如果我們能利用羅馬字來造成代數式的音標，當然也能通行全國：這就是所謂「區際羅馬字」(La romanization interdialectique)。

區際羅馬字是依靠語音的歷史而成的。原來我國的方音雖然複雜，若拿歷史的眼光看來却甚簡單。它們在最初是同一來源的，後來儘管分道揚鑣，終有綫索脈絡可尋。譬如說，一千三百年前的同音字（註一），至今在各地的方言裏，仍舊是同音，一千三百年前的同韻字，至今在各地的方言裏，多數仍是同韻；其變爲不同韻者，亦必依某一定的規律而演變。由此看來，語音的演變是很有規則的，我們就可利用它那「規則性」來製造區際羅馬字，以求其在各個方言區域內都能通行無阻。

試以寒韻爲例（指平水韻的「十四寒」），假定它在一千三百年前是唸 -on 的（註二），則下列諸字可譯成區際羅馬字如下：

單 don, 灘 ton, 壇 dhon, 難 non, 干 gon, 看 kon, 餐 tzon, 殘 dzon, 安 on, 寒 xon, 蘭 lon, 潘 pon, 盤 bhuon, 瞞 muon, 端 duon, 團 dhuon, 官 guon, 寬 kuon, 鑽 tzuon, 酸 suon, 歡 huon, 桓 xuon, 鑾 luon.

至於這些字的讀音，則隨方言而異，例如：

1. 北平遇 on 讀爲 an, 遇 uon 讀爲 uan, 但脣音 b, p, bh, m 之後的 uon 讀爲 an.
2. 蘇州遇 on 在 d, t, dh, n, tz, ts, dz, l 之後讀爲 ə, 其餘的 on 與 uon 一律讀爲 ø
3. 廣州遇 on 在 d, t, dh, n, tz, ts, dz, l 之後讀爲 an, 其餘的 on 讀爲 on; 遇 uon 在 d, t, dh, n, tz, ts, dz, L 之後讀爲 ün, 其餘的 uan 讀爲 un.

這樣，全國的拼法一致，而各地的讀音不必一致，這就是區際羅馬字的特色。在音韻學家看來，這是很有趣的辦法；在國粹論者看來，這正是合乎「三十六母，四呼，二百六韻」的正音，雖在語言中喪失了它，還能在文字上保存着它，確是合於今而不叛於古的正統主張。

所可惜者，「區羅」讀音的變化，在音韻學家看來雖然簡單有趣，在一般民衆看來仍會嫌它的條例太多。條例太多則學習上必頗困難，所以我懷疑它能成爲救濟文盲的良好方案（註三）但是，我們却可以利用同樣的辦法去翻譯古書或寫文言文。這樣，我們不再叫它區際羅馬字了：因爲它專供翻譯文言之用，可以稱爲「文言羅馬字。」

文言羅馬字的好處大約有下列幾種：

1. 古文大部份係由單音詞構成，而同音的詞兒又太多；文言羅馬字裏的同音詞比「國羅」的同音詞數目少了數倍，較適宜於翻譯古文。

2. 古代的韻文，由文言羅馬字譯出，則聲韻諧和，宛如親聞古人的吟哦。

3. 在國語未統一以前，文言羅馬字可以暫時當做區際輔助語。

文言羅馬字雖以歷史爲根據，却不必過於拘泥。大致依照三十六母，四呼，十六攝，與平水一百七韻，就行了；不必遠溯切韻的系統。如果將來有必要時，我們也許可以另造一套「先秦文」，以便翻譯先秦的韻文如詩經，楚辭，老子之類；現在我們的文言羅馬字，竟可略依宋音：以宋音讀唐詩，相差無幾。而宋音的系統比切韻時代簡單些，容易學習些。

關於音值，更不必拘泥高本漢的假定。依著者的意見，聲母的音值略依吳音，韻腹的音值略依官話，韻尾的音值略依粵音，即可應用。四聲則僅標示其屬於某聲，不必規定其音值；其系統則完全根據字典。這是大概的說法，此外還有應參照閩音湘音及客家話溫州話之處，因語涉專門，這裏不能深談。現在只把方案寫出，「內行」的人自然會了解其中的道理，若不是「內行」的人，請不必深究那些分類法，只看每一個例子的譯音就是了（註四）。

（甲）聲母。

第一類：b, p, bh, m; f, v, mv, 例：邊 bian 坡 po 蒲 bhu 門 mun 風 fung 芳 fong 肥 vi 文 mvun。

第二類：d, t, dh, n; dj, tj, dhj, nj.　例：都 du, 貪 tom, 圖 dhu, 南 nom; 豬 djü, 癡 tji 鎚 dhjüi 娘 njiang.

第三類：tz, ts, dz, s, z.　例：鑽 tzuon, 親 tsin, 殘 dzon, 星 sing, 徐 zü.

第四類：dc, tc, dsc, c, zc, zh, ch, dch, sh.　例：專 dcüan, 春 tcün, 神 dscin, 施 ci, 誰 zcüi, 齋 zhai 瘡 chong, 崇 dchung, 疎 shu.

第五類：l, gn.　例：勞 lau, 饒 gniao.

第六類：g, k, gh, ng; o, h, x, y, w. 例：干 gon, 牽 kian, 強 ghiang, 吾 ngu, 恩 en, 威 ui, 昏 hun, 香 hiang, 和 xuo, 玄 xüan, 爲 wi, 王 wong, 員 yüan.

（乙）韻母。

A．平上去聲。

第一類：o, a, ia; uo, ua; uo.　例：多 do, 歌 go, 巴 ba, 家 ga, 蛇 dscia; 科 kuo 瓜 gua, 花 hua; 靴 hüo.

第二類：u; ü. 例：徒 dhu, 姑 gu, 胡 xu, 盧 lu 夫* fu 無* mvu;（註五）除 dhjü 居 gü 魚 ngü 書 cü 俞 yü 儒 gnü.

第三類：i;üi,ui　例：皮 bhi, 支 dci, 師 shi, 資 tzi, 慈 dzi, 兒 gni, 非* fi, 微* mvi; 吹 tcüi 垂 dscüi; 歸 gui 逵 ghui 隨 zui.

第四類：oi, ai, iai, uoi, uai, üai. 例：胎 toi 來 loi 裁 dzoi; 排 bhai, 街 gai, 柴 dchai, 鞋 xai, 大 dhai, 蓋 gai; 迷 miai, 低 diai, 雞 giai, 妻 tsiai, 黎 Liai; 梅 muoi, 頹 dhuoi, 恢 kuoi, 雷 luoi; 乖 guai 懷 xuai, 會 xuaih 外 nguaih, 最 tzuaih, 貝* buaih; 稅 cüaih, 贅 dcüaih.

第五類：au, ao, iao. 例：刀 dau, 高 gau; 交 gao, 稍 shao; 昭 dciao; 妖 iao, 遙 yiao, 僚 liao.

第六類：ou, iou. 例：頭 dhou, 鉤 gou, 樓 lou, 愁 dchou, 搜 shou; 求 ghiou, 秋 tsiou, 休 hiou, 由 yiou, 周 dciou, 收 ciou.

第七類：ung, üng. 例：蒙 mủng, 公 gung, 風* fung, 逢* vung; 中 djüng, 弓 güng, 匈 hüng, 容 yüng, 龍 lüng 戎 gnüng.

第八類：ong, ang, iang; uong. 例：茫 mong, 湯 tong, 桑 song, 霜 shong, 房* vong; 江 gang 窗 chang; 詳 ziang, 商ciang; 狂* ghuong, 王* wong.

第九類：eng, ing, ueng, iung. 例：盲 meng, 坑 kheng, 生 sheng, 行* xing, 登 deng, 恆 xeng; 兵 bing, 迎 nging, 升 cing, 仍 gning, 靈 ling, 丁 ding; 橫 xueng, 轟 hueng; 兄 hiung, 榮 yiung.

第十類：en, in; un, ün. 例：吞 ten, 根 gen; 貧 bhin, 珍 djin, 鄰 lin, 人 gnin,

斤 gin; 盆 bhun 敦 dun, 孫 sun, 論 Lun, 分* fun, 墳* vun, 文* mvun; 君 gün, 春 tcün, 純 zcün, 倫 lün.

第十一類：on, an, ian; uon, uan, üan. 例：難 non, 寒 xon, 蘭 lon; 間 gan, 顏 ngan, 閒 xan; 天 tian, 堅 gian, 言 ngian; 官 guon, 酸 suon, 歡 huon; 關 guan, 彎 uan, 還 xuan, 蠻* man, 班* ban, 翻* fan; 淵 üan 穿 tcüan, 宣 süan, 全 dzüan.

第十二類：im. 例：碪 djim, 沈 dhjim, 金 gim, 琴 ghin, 森 shim, 斟 dcim, 深 cim, 音 im, 歆 him, 林 lim, 任 gnim.

第十三類：om, am, iam. 例：談 dhom, 蠶 dzom, 甘 gom, 三 som; 鹹 xam, 讒 dcham, 監 gam, 衫 sham, 巖 ngam, 凡* fan; 謙 kiam, 黏 njiam, 廉 liam, 嚴 ngian, 鹽 yiam, 尖 tziam, 嫌 xiam.

B．入聲

第一類：uk, ük. 例：木 muk, 獨 dhuk, 屋 uk, 祿 luk, 福* fuk; 目 mük, 竹 djük, 曲 kük, 叔 cük, 欲 yük, 錄 lük 辱 gnük.

第二類：ok, ak, iak; uak. 例：博 bok, 諾 nok, 各 gok, 昨 dzok; 剝 bak, 覺 gak, 濁 dhjak, 岳 ngak, 學 hak; 芍 djiak, 脚 giak, 約 iak, 略 liak, 弱 gniak; 郭 guok, 廓 kuok, 霍 huok.

第三類：ek, ik, uek, iuk. 例：白 bhek, 宅 dhjek, 客 kek; 戟 gik, 的 dik, 戚 tsik, 歷 lik, 食 dscik; 國 guek, 或 wek; 域 yiuk.

第四類：it; ut, üt. 例：筆 bit, 姪 dhjit, 吉 git, 失 cit, 日 gnit; 勃 bhut, 骨 gut, 卒 tzut, 忽 hut; 黜 tjüt, 橘 güt, 恤 süt, 律 lüt, 屈 küt, 鬱 üt,

第五類：ot,at, iat; uot, uat, üat. 例：葛 got, 達 dhot, 殺 shat, 察 chat, 八 bat, 髮* fat; 別 bhiat, 哲 djiat, 烈 liat, 熱 gniat, 歇 hiat; 闊 kuot, 奪 dhuot; 刷 shuat, 滑 xuat; 說 cüat, 血 hüat, 絕 dzüat, 雪 süat, 悅 yüat.

第六類：ip. 例：急 gip, 泣 kip, 及 ghip, 澀 ship, 執 dcip, 十 zcip, 集 dzip, 習 zip, 邑 ip, 吸 hip, 立 lip, 入 gnip.

第七類：op, ap, iap. 例：合 xop, 踏 dhop; 甲 gap, 法 fap; 劫 giap, 妾 tsiap, 捷 dziap, 協 xiap 葉 yiap.

（丙）聲調：

平聲與入聲不加符號，上聲在字尾加v，去聲在字尾加x。（註六）例如：

勇 yüngv, 彼 biv, 恥 tjiv, 忍 gninv, 粉 funv, 短 duon, 苟 gouv, 父* vuv, 范* vamv, 丈* dhjiangv, 腎* zcinv.（註七）去 küx, 貴 guix, 面 mianx, 餓 gnox, 放 fongx, 幼 ioux, 欠 kiamx, 悶 munx, 帶 daix, 快 kuaix, 墜 dhjüix, 告 gaux, 對 duoix

意 ix, 漏 loux.

現在我們試依照上面的方案，翻譯幾首唐詩。

嫁得瞿塘賈，朝朝誤妾期。早知潮有信。嫁與弄潮兒。

Gax dek Ghü-dhong guv, djiao djiao ngux tsiap ghi

Tzauv dji dhjiao yiouv sinx, gax yüv lüngx dhjiao gni.

遠上寒山石徑斜，白雲生處有人家。停車坐愛楓林晚，霜葉紅於二月花。

Yüanv zciangv xon shan zcik gingx zia,

Bhek yün sheng tcüx yiouv gnin ga.

Dhing gü dzuov oix fung lim mvan,

Shang yiap xung ü gnix gnüat hua.

君自故鄉來，應知故鄉事。來日綺窗前，寒梅著花未。

Gün dzix gux hiang loi, ing dji gux hiang dchix.

Loi gnit kiv chang dzian, xon muoi dhjiak hua mvix.

空山不見人，但聞人語響。返景入深林，復照青苔上。

Kung shan but gianx gnin, dhanx mvun gnin ngüv hiangv.

Fanv gingv gnip cim lim, vuk dciaox tsing dhoi zciangv.

終南陰嶺秀，積雪浮雲端。林表明霽色，城中增暮寒。

Dcüng nom im lingv sioux, tzik süat vou yün duon.
Lim biaov ming tziaix shek, zcing djüng sheng mux xon.

衆鳥高飛盡，孤雲獨去閒。相看兩不厭，只有敬亭山。

Dcüng niaov gau fi dzinv, gu yün dhuk küx xan.
Siang kon liangv but iamx, dcik yiouv Ging-dhing shan.

忽見寒梅樹，花開漢水濱。不知春色早，疑是弄珠人。

Hut gianx xon muoi zcüx, hua koi Honx cüiv bin.
But dji tcün shek tzauv, ngi zciv lüngx dcü gnin.

楓岸月斜明，猿啼旅夢驚。愁多腸易斷，不待第三聲。

Fung ngon ngüat zia ming, yüan dhiai lüv mungx ging
Dchou to dhjiang yix dhuonv, but dhoi dhiai sam cing.

花寒懶發鳥慵啼，信馬閒行到日西。何處未春先有思，柳條無力魏王堤。

Hua xon lonv fat niaov zcüng dhiai,
Sinx mav xan xing daux gnit siai.
Xo tcüx mvix tcün sian yiouv six,

Liouv dhiao mvu lik Ngui wong dhiai.

漢國山河在，秦陵草木深。暮雲千里色，無處不傷心。

Hon guek shan xo dzoiv, Dzin ling tsauv muk cim.

Mux yün tsian liv shek, mvu tcüx but ciang sim.

這才是章太炎所謂「有典有則」，因爲都是依照中古語音的系統而定出來的拼法。凡是中古時代押韻很諧和而現代國語唸起來不諧和的（如「期」「兒」爲韻，「斜」「家」爲韻，「事」「未」爲韻），或國語裏押韻很諧和而中古時代不諧和的（如「寒」「山」不爲韻，「濱」「心」不爲韻，「期」「西」不爲韻），都可以從這上頭看得出來。中國各地的方音同出一源，所以「文言羅馬字」與各地的實際語音都有相似的地方。其類似國語及普通話者，有：

巴 ba, 花 hua, 姑 gu, 盧 lu, 夫 fu, 歸 gui 乖 guai 刀 dau, 高 gau, 稍 shau, 妖 iao, 僚 liao, 鈎 gou, 樓 lou, 公 gung, 盲 meng, 坑 keng, 兵 bing, 靈 ling, 根 gen, 孫 sun, 論 lun, 天 tian, 淵 üan, 蠻 man, 班 pan, 等等；

其類似山東一部份及湘桂一部份官話者，有：

居 gü 基 gi, 堅 gian, 救 gioux, 酒 tziouv, 宣 süan, 等等；

其類似湖南方音者，有：

書 cü, 鞋 xai, 大* dhai, （註八）街 gai, 春 tcün, 穿 tcüan, 朱 tcü, 等等；

其類似吳音者，有：

皮 bhi, 貧 bhin, 頭 dhou, 同 dhung, 徒 dhu, 蒲 bhu, 地 dhix, 奉 vungv 扶 vu, 娘 njiang, 饒* gniao, 人* gnin, 我 ngov, 王 wong, 侯 xou, 紅 xung, 祥 ziang 就 dzioou, 兒* gni 等等。

其類似閩音者（註九），有：

張 djiang, 中 djüng, 潮 dhjiao, 趙 dhjiaox, 茶 dhjia, 知 dji 池 dhji, 致 djix, 治 dhjix, 墜 dhjüix, 廚 dhjü, 除 dhjü, 抽 tjiou, 等等。

其類似粵音者，有：

家 ga, 師 shi, 資 tzi, 胎 toi, 來 loi, 街 gai, 鞋 xai, 迷 miai, 低 diai, 雞 giai, 妻 tsiai, 交 gao, 霜 shong, 升 cing, 顏 ngan, 監 gam, 衫 sham, 巖 ngam, 木 muk, 福 fuk, 博 bok, 諾 nok, 戟 gik, 識 cik, 潑 put, 殺 shat, 八 bat, 甲 gap, 兒 gni, 迎 nging, 相 siang, 姜 giang 基 gi, 脚 giak, 等等（註一〇）：

其類似客家音者，有：

非 fi, 梅 muoi, 昭 dciao, 周 dciou, 收 ciou, 弓 güng, 龍 lüng, 身 cin, 眞 dcin, 門 mun, 分 fun, 難 non, 寒 xon, 堅 gian, 金 kim, 斟 dcim, 音 im, 貪 tom, 甘 gom, 謙 kiam, 嚴 ngiam, 目 mük, 曲 kük, 骨 gut, 吉 git, 失 cit, 日 gnit, 葛 got, 髮 fat,

急 gip, 執 dcip, 邑 ip, 立 lip, 入 gnip, 等等。

由此看來，各地的人讀起「文言羅馬字」來，都有與其方音相似處，亦有不相似處。除非按照上文所述「區際羅馬字」的變音辦法，才能使各地的人都能用方音去讀它。但是，如上文所論，變音的條例不是容易學習的：讀還容易，寫就困難了。所以我雖對它極感興趣，却並不願意主張把它用爲一種「區際羅馬字」。

不過，它雖不適宜於寫白話，却適宜於寫文言，尤其適宜於翻譯古書。因爲它的同音字少，譯起古書來，可以逐字譯音，完全不必改變古文的文法與辭彙(註一一)。只要找許多小心謹慎的書記，把古書逐字對照地譯下來就行了。這種人才並不難得，而譯起來又可以節省幾倍的時間。將來的青年要讀古書時，可以先學「文言羅馬字」，因它是拼音文字，又與各地的方音都有近似之處，學起來必不會像漢字那樣困難。這樣，青年可以不懂漢字而讀古書。文言羅馬字的用處就在於此。

第十五節　中國話寫法拉丁化

拉丁字母就是羅馬字母，中國話寫法拉丁化就是拿羅馬字母來拼寫漢字。在名稱上，我們看不出它與「國語羅馬字」的分別；它們的分別只是在實際的辦法上。

一九三一年九月，海參威舉行第一次拉丁化中國字代表大會，通過中國文字拉丁化的原則十三條，並規定了中國北方話拉丁化的拼寫法式。因爲海參威的華僑以山東人爲最多，故北方話拉丁化是以山東話爲根據。若拿「拉丁化」與「國語羅馬字」相比較，除字母的音值頗有不同外，有下列的兩個大異點：

1.「國羅」以北平話爲國語，「拉丁化」反對以某一地的土音爲國語，同時主張方言拉丁化；

2.「國羅」拼寫四聲，「拉丁化」不拼寫四聲。

關於這兩點，我們在第五第六兩節已經討論過，現在只專就「拉丁化」再說兩句話。第一，「國羅」派始終沒有發表過反對方言拉丁化的議論，不過他們旣以北平話爲國語，自然對於北平話注重些。至於「拉丁化」之所以反對以某一地的土音爲國語，似乎是不贊成「強我就人」，以致發生學習上的困難。但是，除非容許每一個人各用其土音拼寫文字，否則總不免「強我就人」。強山東以就北平固然不妥，強北平以就山東也未見不發生學習上的困難。「希」與「西」，「現」與「線」，「堅」與「煎」，「牽」與「謙」之類，都是北平人所不能分別的；「有課」與「有客」，「腳」與「絞」，「國」與「果」之類，北平人也不能分。若不滿於「國羅」派之以北平話統一全國，卻希望以山東話統一北方全部，這就是「以五十步笑百步了」。

「拉丁化」之不拼寫四聲，在寫的方面誠然便利些，但在讀的方面卻頗困難。中國同音字之多，這是事實；尤其是北方話，音素既少，自然同音的字更多。替拉丁化辯護的人往往說中國同音字雖多，但同音詞並不多，我們有了詞兒連寫就可以補救了。說這話的人仍然是忽略了事實。據我們的觀察，中國的農工語言裏，非但同音字很多，而且同音詞也很多，若不計四聲的分別，則同音詞更多。近一二十年來，文人的口裏誠然增加了許多複音詞，但這與大衆無涉。文人說「書籍」，大衆只說「書」；文人說「賞賜」，大衆只說「賞」；文人說「終結」，大衆只說「完」，文人說「以為」大衆只說「當」；文人說「燃燒」，大衆只說「燒」；文人說「饒恕」或「寬恕」，大衆只說「饒」；文人說「依照」，大衆只說「照」；文人說「到達」，大衆只說「到」；文人說「瞞騙」或「蒙蔽」，大衆只說「瞞」；文人說「尋找」或「尋覓」，大衆只說「找」。我們是為了大衆文化而提倡漢字改革，絕對不該勉強大衆來遷就文人的語言。大衆的單音詞很多，因而同音詞也很多，我們只能靜候大衆的複音詞增加；催產非但無益，倒反有害，因為這樣仍然會使大衆與文化絕緣。複音詞既不可以人工增加，則同音詞之多，勢必設法補救而後可。四聲誠然難懂可厭，但我們不妨另覓途徑。在下節裏，我們將敍述我們的主張。

為了補救同音詞，「拉丁化」甚至把兩個以上的詞連寫，例如「吃飯」寫成 chfan 「各黨各派」寫成 godonggopai，這種不合語法的寫法，徒然使漢語蒙上了不邏輯的外貌，對於讀者的了解上並沒有多大的益處。

總之，文字固然該求簡易，但簡易也自有限度，並不是求其寫得最快最省力就算了事。如果說要最快最省力的話，則「拉丁化」的大寫法，界音法，及詞兒連寫法等等，都該取銷，因爲那樣還可更快更省力。

爲了寫時省力，讀時却增加了不少的困難。當我閱讀「拉丁化」的文章時，往往讀了每句的第一個詞兒不懂，第二個詞兒有時也還不懂，直至下文有認識的詞時，再看前面的詞，才都懂了。有時候，第一個詞兒僥倖懂了，第二個詞兒雖不易懂，也可以猜着。這就是乞靈於上下文。乞靈於上下文本來是難免的，不過，若處處依靠上下文，就太費時間了。我們稍有語言學常識的，也感覺有猜測之苦，可見大衆閱讀「拉丁化」書籍當更困難。所以我們不可單看寫「拉丁化」文章的容易，最要緊的還是設法補救閱讀上的困難。上文說過，農工社會寫文章的機會很少，讀書報的機會多，我們必須特別注意到閱讀方面。趙元任先生說：「貪一時的小便宜，將來會吃永久的大虧的。」我很相信這話。

至於字母音值的問題，本來沒有許多爭論的。「國語羅馬字」的基本形式，與「拉丁化」就差不多。只是「國羅」稍偏於英文音（如ㄓ作j，ㄗ作 tz，ㄘ作 ts，又起首的ㄧ作y），「拉丁化」稍偏於德文音（如ㄗ作z，ㄘ作c，又起首的ㄧ作j）；「拉丁化」採用了些國際音標（如ㄏ作x，ㄩ作y），「國羅」則因它們不合國際拼音習慣而未採用。「拉丁化」對於「知癡詩日資雌思」等字但寫子音不寫母音，這與注音字母的辦法相同；但「國羅」因國際拼音習慣沒有不寫母音而能讀成音段的先例，所以要寫元音。這些異點都是小節，我們認爲無可無不可。雖則我們也稍有選擇（如不很贊成「害」拼作 xai,「菜」拼作 cai, 因它們與拉丁文的原來音值相差太遠），但我們不願意說「拉丁化」的拼法有什麼絕不可行的地方。

總之，「拉丁化」不失爲新漢字的「椎輪」，但依我們看來，還不是理想的新漢字。

第十六節　著者的方案

新漢字的實施，決不是短期間內的事。但是，我們爲研究起見，也不妨假定要實施，而預先考慮一種完善的方案。當然，著者不是希望自己的方案必定見諸實施，也不敢說已臻完善，不過，這一個考慮了三四年的原則，似乎是值得大家討論的。

我以爲如果新漢字要實施，它應該具備下列的兩個條件：

1. 拼法儘量國際化，尤其是使它與數十年來常見的英文譯音相近似；
2. 加上類符（classifiers），使中國文字成爲文法的（grammatic），邏輯的。

關於第一條件，我們在第七節中已經論及，不必再贅，而且我的方案也並不着重在此。我所最堅決主張的乃是「類符」的建立。所謂「類符」，是把漢字依詞性分爲若干類，每類寫成不同的形式：或加詞尾，或就詞中的字母變化。我們的漢字本來也有「類符」，就是形聲字中的形符；現在不過儘量把種類減省爲四種，以便拼寫罷了。我們可以說，形符是中國人心目中的範疇。(categories)，詞類是西洋人心目中的範疇。我們改形聲字爲拼音字，犧牲了中國人心目中的範疇，不能不採用西洋人心目中的範疇以爲抵償。類符之設，乃是以新範疇抵償舊範疇的好辦法。如果要爲我這一種新漢字起個名稱，我想就叫它做「類符新字」。

下面是類符新字的方案。（這方案雖專爲國語而設，其餘亦可類推。）

（甲）字母音值（基本形式）：

A．聲母

ㄅㄆㄇㄈ；ㄉㄊㄋㄌ；ㄍㄋㄏ。＝b, p, m, f; d, t, n, l; g, k, h.

（說明）以 b, d g 當ㄅㄉㄍ，是最經濟的辦法，所以「國羅」與「拉丁化」都採用它。固然，依國際拼音習慣，b, d, g 是代表濁音的，與清音的ㄅㄉㄍ不同；但中國清音分吐氣不吐氣兩類，乃西洋各族語所罕有，我們不能不變通辦理。恰巧英文的 b, d, g 唸不吐氣，p, t, k 唸吐氣（只有 sp-, st-, sk-, 是例外），我們正可借它們來表示吐氣不吐氣的分別。這雖不合於 Wade 式，然而大部份的中國人（吳語區域及廈語區域除外）拿他們的英文音來唸它們，卻是最適當的。（吳語廈語的濁音可用 bh, dh, gh, 替代。）

ㄐㄑㄒ＝dc, tc, c,

（說明）這三個字母，「國羅」寫作 j, ch, sh,「拉丁化」寫作 g, k, h, 各有理由，因爲北方話ㄓㄔㄕㄍㄎㄏ都沒有齊撮呼，故可借用它們爲ㄐㄑㄒ，我想借用終是不大妥當，尤其是如果以北平音為國音，則不能依「拉丁化」的辦法，因為「濟」「砌」「細」拼為 gi, ki, hi, 是很不順眼的。因此我考慮了許久，終於擇定了 dɕ, tɕ, ɕ. 這有兩個理由：（一）它們與國際音標〔tɕ〕〔tɕ'〕〔ɕ〕相近似；（二）c 在希臘拉丁文裏本是舌根音，後來在 i 之前變了 s 音，正與中國舌根變遷史頗近似。

ㄓㄔㄕㄖ；ㄗㄘㄙ——j, ch, sh, r; tz, ts, s

（說明）這七個字母完全與「國羅」相同。j 在英法文都是與 ch 同部位的濁音，英文音尤與ㄓ音相近。tz, ts, 與 Wade 式相似，合於數十年來的譯音習慣。

B．韻母

ㄚ ㄧㄚ ㄨㄚ；ㄛ ㄨㄛ。——a, ia, ua, o, uo.

（說明）國語中有ㄨㄛ無ㄛ，故可借 o 為ㄛ。

ㄧㄩㄨ；ㄧㄝ，ㄩㄝ——i, û, u; ie, ûe.

（說明）ㄩ，「國羅」作 iu, 頗易令人誤認為ㄧㄡ音；「拉丁化」寫作 y 又不合國際拼音習慣（y 本是希臘字母，在希臘文裏與 i 同為一字，今法文也唸 i，英文唸 i 或 ai）。上文說過，我們不必避免附加符號，故寫作 û（動詞變 ü，與德文字母相同）。

（ㄓㄔㄕㄖㄗㄘㄙ）——e.

（說明）注音字母不曾製造這一種韻母，「國羅」則用 y。在本方案中，y 用為動詞的類符，故改用e。國語有一ㄝㄩㄝ而無ㄝ，故可借e爲「知癡詩日資雌思」等字的韻母。又輕音韻母亦可借e，如「的」de,「呢」ne,「了」le.

ㄞ，ㄟ，ㄨㄞ，ㄨㄟ，——ai, ei, uai, uei, ui.

（說明）ㄨㄟ宜分爲兩類，g, k, h, 之後作 uei, 無聲母者亦作 uei, 其餘都該作 **ui**, Wade 式卽如此。

ㄠ，ㄡ，一ㄠ，一ㄡ——au, ou, iau, iu.

（說明）iu 係依照 Wade 式，取其較合事實。

ㄢ，一ㄢ，ㄨㄢ，ㄩㄢ；ㄣ，一ㄣ，ㄨㄣ，ㄩㄣ——an, ien, uan, ûan; en, ih, uen un, ûn.

（說明）這也大致以 Wade 式爲準。ㄨㄣ宜分爲兩類，無聲母的寫作 uen;（文），有聲母的寫作 un.

ㄤ，一ㄤ，ㄨㄤ；ㄥ，一　，ㄨㄥ，ㄩㄥ——ang, iang, uang; eng, ing, ueng, ung, iung.

（說明）這也大致以 Wade 式爲準。ㄨㄥ宜分爲兩類，無聲母的寫作 ueng（翁），有聲母的寫作 ung.

ㄦ——er.

（說明）Wade, 式作 êr, 今省去附加符號，取其較便書寫。

（乙）文法

A 漢語的詞類

漢語的詞類可大別爲兩種：（一）實詞；（二）虛詞。實詞大致可分爲四類：（一）名詞，（二）代名詞；（三）形容詞；（四）動詞。虛詞大致可分爲三類：（一）副詞；（二）關係詞（包括連詞介詞）；（三）助詞。

詞類是專就詞兒獨立時的性質而區分，不必計及它在句子裏又變了什麼性質。例如「乾淨」，它本身是一個形容詞，在「我喜歡他的乾淨」一句裏，它似乎變了名詞，但我們應該仍認它爲形容詞。又如「主張」，它本身是個動詞，在「我贊成他的主張」裏，它似乎變了名詞，但我們應該仍認它爲動詞。就獨立時的性質而分的，我們叫做詞類(parts of speech)；就其在句中的地位而分的，我們叫做詞品(ranks)。類符該依照詞類，不該依照詞品（註一二）。

類符分爲五種如下：

1. 名詞類符；
2. 代名詞類符；
3. 形容詞類符；
4. 動詞類符；

5. 虛詞類符。

這些類符當中，有些是利用漢語原有的詞尾（如名詞詞尾「子」「兒」，形容詞詞尾「的」，動詞詞尾「了」「着」等）；有些是另添不發音的詞尾；有些是就拼法上變化；另有些是用基本形式，可以說基本形式也是一種的「類符」。茲分述於後。

B　名詞

普通名詞都加詞尾。它的詞尾有下列數種：

（甲）發音的詞尾：

1.「子」字單數寫作 -tz，複數寫作 -ts.

例：　棍子 guntz，扇子 shants.

2.「兒」字，單數寫作 -r，複數寫作 rs.（其中的 s 不發音）。

例：　女兒 nûr，花兒 huars.

（注意）「子兒」或「兒子」連起來的時候，只有末一字算是詞尾，例如銅子兒 tungtzers，兒子 ertz.

（乙）不發音的詞尾：　單數用 -z，複數用 -s.

例：　心 sinz，手 shous.

（注意）凡名詞無「子」「兒」「們」爲詞尾者，一律用此法。

專有名詞第一字母大寫，不加詞尾。

C 代名詞

代名詞單數一律不加詞尾，如下：

我 wo（借用動詞形式，因動詞中無 wo 字）；

你 ni（借用虛詞形式，因虛詞中無 ni 字；「呢」該寫作 ne）；

他 ta（借用虛詞形式，因虛詞中無 ta 字）。

誰 shei（借用虛詞形式，因虛詞中無 shei 字）。

複數加詞尾「們」字，寫作 mn（註一三）：

我們 womn, 你們 nimn, 他們 tamn, 咱們 tzamn.

（注意）有時候，名詞複數亦可加詞尾（們），如「丫頭們」。故 mn 可認爲名詞與代名詞共有的類符。

「人家」「自己」之類亦認爲代名詞，一律不加詞尾。

D 形容詞

一切形容詞都加詞尾。它的詞尾有下列兩種：

（甲）發音的詞尾： 「的」字寫作 -d.

例： 好的 haod, 精緻的 tzingjed.

（乙）不發音的詞尾：-h.

例　小 siauh, 乾淨 gantzingh.

（注意）凡形容詞無「的」爲詞尾者，一律用此法。

E　動詞

動詞的類符是 v, w, ü, ä, ë, ö, 它們不是詞尾，而是插入詞中，替代另一字母的。這種辦法，叫做動詞變化法。

動詞變化法：

1. u 與另一元音結合時變 w，其餘變 oo.

例：掛 gwa, 坐 tzwo, 拐 gway, 歸 gwey, 催 tswy, 到 daw, 候 how, 叫 dcyaw,
　　留 lyw, 管 gwan, 逛 gwang.
　　賭 doo, 鋪 poo, 存 tsoon, 混 hoon, 送 soong.

2. i 變 y。

例：嫁 dcya, 移 y, 寄 dcy, 寫 sye, 在 tzay, 給 gey, 回 hwey, 進 tzyn, 見 dcyen,
　　想 syang, 請 tsyng, 用 yung, 催 tswy, 叫 dcyaw, 留 Lyw, 拐 gway.

3. 字中無 i 與 u 者，一律在母音上加兩點。（註一四）

例：打 dä, 喝 hö, 扯 chö, 試 shë, 辭 tsë, 去 tcü, 缺 tcüe, 看 kän, 肯 kën, 燻

cün, 捐 dcüan, 唱 chäng, 爭 jëng.

4. 動詞如有詞尾「了」或「着」，該寫作 -l，或 -j.

例： 到了 dawl, 請了 tsingl, 坐着 tzwoj, 站着 janj.

（注意一）如有詞尾，則 ä, ë, ö 上面的兩點可以省略。

（注意二）「了」字有些是動詞詞尾，有些是助詞，詞尾寫作 -l，助詞寫作 le，須分別清楚。例：「我已經到了漢口了」Woidcing dawl Hankou le.

F. 虛詞

虛詞以用基本形式爲原則。

例： 不 bu, 又 iu, 再 tzai, 越發 ûefa, 爲什麼 ueishemo, 故意 gu'i, 也 ie, 不過 buguo, 把 ba, 先 sien, 後 hou, 應該 inggai, 纔 tsai, 還 hai, 一定 iding, 嗎 ma, 都 dou, 不如 buru, 只 je, 雖然 suiran, 到底 daudi, 就 tsiu, 私自 setze, 難道 nandau, 不成 bucheng.

副詞的詞尾「的」（「地」）寫作-t

例： 好好的 hauhaut, 細細的 sisit, 慢慢的 manmant, 從容的 tsung'iungt, 故意的 gu'it.

副詞的詞尾「兒」寫作 -rr.

例：好好兒 hauhaurr，慢慢兒 manmanrr，一塊兒 ikuairr.

副詞的詞尾「麼」寫作 -m.

例：這麼 jom，那麼 nam，怎麼 tzem.

G. 特殊拼法

有時候，有兩個詞聲音相同，詞類又相同，容易相混，我們要使它們有分別，於是有特殊拼法。

特殊拼法究竟該有多少，須待編造詞典時決定。現在先擇較重要的列舉如下：

教 dciaw（與叫 dcyaw 分別），賣 maay（與買 may 分別），哪（疑問詞）naah（與那 nah 分別），婦 fwuz（與夫 fuz 分別），主義 jwu'iz（與主意 ju-iz 分別），哪裏 naali（與那裏 nali 分別），禮 liiz（與理 liz 分別），有 yu（與由遊 iw 分別），她 taa 它 ta，（與他 ta 分別），賴 laay（與來 lav 分別），馬 maaz（與媽 maz 分別），接 tzië（與借 tsye 分別），百 baeh（與白 baih 分別），角 dciaoz（與腳 dciauz 分別）。

H 省寫法

極常用的詞兒，有些可用省寫法，如下：

是 sh，但是 dansh，可是 kosh.

一個 ig 先生 c.sh，這個 jog，這一個 jeig，那個 nag，那一個 neig，哪一個 neeig，

I 界音法

在複音詞中，前一個字與後一個字的界限，有時候不很分別，可用界音號（，）把它們隔開，叫做界音法。界音法可分爲兩種：

1. 前字的末一字母與後字的第一字母都是元音或半元音的；

例： 主意 ju'iz，隨意 sui'i，抱怨 bau'üan，質問 je'wen. 驕傲 dciau'auh，西安 Si'an.

2. 前字的末一字母是 n 或 g，後字的第一字母是元音或半元音的。

例： 戀愛 Lien'ay，平安 ping'anh 南洋 Nan'iang，新聞 sin'uenz.

J 黏詞法

有時候，兩個詞兒的關係非常密切，幾乎可以認爲一詞，可用黏合號（—）把它們黏合，叫做黏詞法。黏詞法可分六種。

1. 兩名詞相連，而前一名詞係限制後一名詞者；

例： 中華民族 Junghua-mintzuz. 家庭幸福 Dciatingz-cingfuz，國家利益 guodciaz-li'iz，

2. 名詞後面有「上」，「下」，「裏」，「中」，「後面」，「前面」，「上頭」，「底下」等字以表示方位者；

例：　桌子上 juotz-shang, 抽屜裏 choutiz-li, 園子後面 ûantz-houmien.

（注意）在這情形之下，「上」，「下」等字一律用基本形式，不加類符。

3. 數目字（數量形容詞）後面有「斤」，「尺」，「匹」，「件」，「張」，「塊」，等字以表示數量的單位者；

例：　一斤 ih-dcin, 三尺 sanh-che, 兩匹 liangh-pi, 四件 seh-dcien, 十張 sheh-jang, 一百塊 ibaeh-kuai.

（注意）在這情形之下，「斤」「尺」等字不加類符。

4. 動詞後面有「起」，「下」，「上」，「開」，「進」，「出」，「過」，「起來」，「下來」，「出來」，「過來」，等字以補充動作的狀態者；

例：　拿起 nä-tci, 放下 fäng-cia, 鎖上 swo-shang, 吃過 chë-guo, 鬧起來 naw-tcilai, 弔下來 dyaw-cialai.

（注意）在這情形之下，「起」「下」等字一律用基本形式，不加類符。若在否定語裏，則可寫成下式：

拿不起 nä-butci 放不下 fäng-bucia, 鎖不上 swo-bushang, 跳不過去 tyaw-buguotcû, 鬧不起來 maw-butcilai, 弔不下來 dyaw-bucialai, 做不來 tzwo-bulai, 逃不了 taw-buliau.

5 動詞後面有「好」，「壞」，「完」「會」等字以表示動作的結果者；

例： 擺好 bay-hau, 弄壞 noong-huai, 做完 tzwo-uan, 學會 cyaw-huei.

（注意）在這情形之下，「好」，「壞」，「完」，「會」等字一律用基本形式，不加類符。若在否定句裏，則可寫成下式：

修不好 syw-buhau, 砸不壞 tzä-buhuai, 做不完 tzwo-bu'uan, 學不會 cyaw-buhuei.

6. 形容詞或動詞後面有「些」，「點子」等字以表示分量者。

例： 好些 hauh-sie, 買些 may-sie, 弄點子 noong-dientz.

K 四聲的處置

在普通的文章裏，有了類符，就可以不必拼寫四聲了。文字只是語言的符號，不是精密的音標，所以聲調只須在詞典裏註明，不必在文字上標出。詞典裏註明是必要的，正像英文字典裏註明重音及長短音；但是，英文的重音及長短音既不在文字上標出，同理，漢字的聲調也不必在文字上標出。

拼寫四聲另有一種好處就是分別同音詞，然而這種好處已經為類符所具備了。四聲只有四類，類符却有五類；除了字數很少的代名詞不計，也仍有名，形，動，虛四類。自然，也有四聲能分而類符不能分的，但同時也有類符能分而四聲不能分的；它們的效用至少可以相等。至於四聲能分而類符也能分的，更佔多數。今舉例如下：

1. 四聲能分，類符也能分的：

家 dciaz, 假 dciah, 嫁 dcya; 媽 maz, 罵 mä; 也 ie, 夜 iez; 刀 dauz, 到 daw, 單 danh, 膽 danz, 但 dan; 鬆 sungh, 送 soong; 兵 bingz, 病 byng; 高 gauh, 稿 gauz, 告 gaw.

2. 四聲不能分，類符也能分的：

魚 ûz, 愚 ûh, 漁 ü, 於 û; 身 shenz, 深 shenh, 伸 shĕn; 先 sien, 仙 sienz, 鮮 sienh; 再 tzai, 在 tzay; 又 iu, 幼 iuh; 書 shuz, 輸 shoo; 跪 gwey, 貴 gueih, 櫃 gueiz; 纔tsai, 財 tsaiz, 裁 tsay; 簫 siauz, 消 syaw; 松 sungz, 鬆 sungh; 蘭 lanz, 欄 län; 氣（名詞）tciz, 氣（動詞）tcy; 扇（名詞）shanz, 扇（動詞）shän; 釘（名詞）tingz, 釘（動詞）tyng; 沒（動詞）mey, 沒（助動詞，算虛詞）mei; 鼓（名詞）guz, 鼓（動詞）goo.

其餘四聲能分，類符不能分的，爲數不多，自可由上下文的襯托，而不至於相混。若在法制條文或契約裏，爲更求明確起見，不妨增加聲調符號。聲調符號可借用西文字母：今按二十六字母中，尚餘 q，v，x 三母未用，卽可利用它們。辦法如下：

1. 陰平不加聲調符號；

2. 陽平加 q，如：來 layq, 蘭 lanqz, 留 lywq; 靜 dcingqh;

3. 上聲加v，如：老 lauvh, 水 shuivz, 守 showv, 也 iev;

4. 去聲加x，如：但 danx, 告 gawx, 對 dwyx, 意 ixz.

不過，這種字式太笨重，又不順眼，普通文章裏不必用它。

L 嚴格與通融

中國的語法（口語裏的 grammar）很簡單，所以文法（文章裏的 grammar）也很簡單。名，形，動，虛的分別，並不是奧妙的事，非但稍懂得英文的人學起來毫不費力，連農工社會學起來，如果肯用心，也並不困難。比之四聲的分別，實在容易得多了。有人說中國文章沒有文法，我不承認這話。我希望把中國的文法表現在文學上，使一般人都知道中國有文法；尤其是外國人學中國文學的時候，會覺得並不是像一盤散沙。總之，我們須知道新漢字是替代漢字的，是為全民而造的，不是專為文盲而造的，所以不能專求簡單，不求美善。

漢字如果改為拼音之後，我主張初中畢業生一律須學會了「類符新字」（因為初中課程有英文，名，形，動，虛的分別都可以在英文裏學得，再學類符就易如反掌），書報雜誌一律用「類符新字」；再過若干年後，希望小學畢業即會運用類符。只有成年的文盲可用基本形式書寫。

這樣，我們對於知識社會是採取嚴格的態度；對於成年的文盲是採取通融的態度。既然通融，就索性通融到底。詞兒連寫及大寫等法，都不必苛求文盲學會。老百姓只知道漢字是一字一音的，他們很不容易了解什麼叫做詞。詞兒連寫比分別詞類還要難些；假使說它們是兩道難關的話，詞兒連寫是頭關，分別詞類是二關，過了頭關沒有不能過二關的（會詞兒連寫的人沒有不會分別詞類的），只這頭關却是不容易過。「拉丁化」的雜誌不是常怪別人不會詞兒連寫嗎？知識份子尙且不大會，怎能苛求於文盲呢？

也許有人會說，這樣一來，文盲們雖學會了基本形式，却不能閱讀書報，因爲書報上的文字是有類符的。其實這是過慮。我們只主張在書寫上對他們通融，並不是絕對不教他們閱讀書報。我們在教了他們基本形式之後，接着就該教他們看書。教法很簡單：只須告訴他們，書報上的 y 讀如 i; ü 讀如 ü̂; w, oo 都讀如 u; ä, ë, ö, 讀如 a, e, o; 字尾的 z, s, h, 都不讀音，等等，他們自然會把書報唸得非常流暢。這恰像現在許多中學生滿紙別字及錯字，然而這並不妨礙他們閱讀書報。可見「類符新字」並不使大衆在閱讀上感覺絲毫困難。在形式上，它却比專事拼音，隨便堆砌的好看得多了。

（丙）詞典◎◎

詞典的任務最爲重要；沒有詞典，新漢字決不能實施。因爲文字，是社會性的東西，必須力求統一，切忌紛歧。又如特殊拼法之規定，必須有詞典幫忙；詞典完成後，我們才知道有多少聲音相同而詞類又相同的詞兒，才好給它們規定不同的寫法。

大致說來，詞典的任務有下列數種。第一，是分別詞類。某詞歸某類，有時候不能全憑那詞的意義去決定。例如「渴」字，在法文 soif 是名詞，在英文 thirsty 是形容詞；「餓」字在法文 faim 是名詞，在英文 hunger 是名動兩性；「洗澡」在法文 bain 是名詞，在英文 bath 也是名動兩性。可見單憑意義去決定是不妥的，拿外國文字的詞類來做標準更是不妥。最妥當的辦法還是就漢語本身去觀察，例如「洗澡」無疑的是動詞；「餓」與「渴」該是動詞，但要說它們是形容詞未嘗不可通，在這情形之下就得憑詞典來決定了。假定詞典把它們決定爲動詞，將來習慣成自然，我們永遠記得它們是動詞就是了。這上頭沒有絕對的眞理，只有社會的習慣。

第二，是確認複音詞。中國大部份的複音詞都是從單音詞組合而成的，所以一個複音詞，若寫成兩個單音詞，似乎也說得通。例如「生氣」一詞，本是「生」與「氣」的組合，寫作 sëng, tciz, 似乎也有道理；然而說話人的心裏並不會浮現這兩個概念，只有「生氣」一個概念，所以寫作 shengtcy. 其餘如「客廳」該寫做 ko'ingz,「圖書館」該寫做 tushuguanz, 都是此理。關於這個，有時候單憑字面也不能完全沒有爭論；若由詞典決定，大家用成了習慣，也就好了。

第三，是規定特殊拼法。理由已見上文。

第四，是註明讀音。新漢字雖是拼音文字，却並不能把語音標寫得很正確；標寫得太正確就太累贅難看。因此，我們還該用國際音標把它們的讀音標明，以便非北平音的人及外國人的參考。例如「合」字。我們雖寫作 hö，但當用國際音標註爲〔xɤ／〕；「影」字，我們雖寫作 ingz，但當註爲〔iəŋ∨〕，「詩」字雖寫作 shez，但當註爲〔ʂʅ〕等等。

第五，是註明聲調。在詞典的卷首畫出聲線的大概曲線之後，每一個詞的後面只須註一個極簡單的符號。陰平聲可註爲〔—〕，陽平聲可註爲〔／〕，上聲爲〔∨〕，去聲爲〔＼〕，輕聲無號。例如「詩」可註爲〔ʂʅ-—〕，「生氣」可註爲〔ʂəŋ-tɕ'i＼〕。

其餘如字源與詞義，都是詞典的要素，但因與文字的形式無關不必贅及了。

* * * * *

我們深信如果要實行改革漢字，「類符新字」乃是最合理，最適用的新漢字（註一五）。類符之不發音，並不足爲新漢字的弊病；法文 jours 的 s，vous voyez 的 s 與 z，manger 的 r，premièrement 的 t，fiancée 的末一個 e，何嘗發音？然而它們却能表示法國文法中的範疇。可見文法（文章中的 grammar）並不一定要與語法（口語中的 grammar）完全一致。文法該比語法精密些，正像文章該比語言更有組織，更合邏輯。因此，我對於字母音值儘可不堅持我的意見，對於類符的效用却深信不疑。

現在從紅樓夢中舉出若干實例，以見一斑（註一六）。

「舅舅說得有理。但我父親沒的時節，我年紀又小，不知事體；後來聽我母親說，都還虧舅舅們替我們家去出主意，料理的喪事。難道舅舅是不知道的？還有一畝地，兩間房子，在我手裏花了不成？巧媳婦做不出沒米的飯來，叫我怎麼樣呢？——還虧是我呢！要是別個，死皮賴臉的，三日兩頭兒來纏舅舅，要三升米，二升豆子的，舅舅也就沒有法兒呢。」（二十四回）

"Dciudciuz shwo-de yu liz. Dan wo futsinz mö de shetziez, wo niendciz iu siauh, bujë shetiz; houlai tyng wo mutsinz shwo, dou hai kwey dciudciumn ty womn dciaz tcü choo ju'iz, liauly de sangshez. Nandau dciu-dciuz sh bu jedaw de! Hai yu ih-mu diz, liangh-dcien fangts, tzay wo shouz-li hwal bucheng? Tciauh sifuz tzwo-buchu mey miz de fanz lay, dcyaw wo tzeme'iang ne?—Hai kwey sh wo ne! Iaush bieg, sepilailiend, sanreliangtourry lay chän dciudciuz, yaw sanh-sheng miz, erh-sheng doutz de, dciudciuz iedciu meiyu far ne."

「你且別嚷。我且問你：別說我們這一處，你看滿園子裏，誰在主子屋裏教導過女兒的？就是你的親女兒，旣經分了房，有了主子，自有主子打罵。再者，大些的姑娘姐姐們，也可以打得罵得，誰許你老子娘又半中間管起閒事來了？都這樣管，又叫他們跟着我們學什麼？越老越沒了規矩！你見前日墜兒的媽來吵，你如今也來跟他學？你們放心！因連日這個病，那個病，再老太太又不得閒，所以我也沒有去回。等兩日，咱們去痛回一回，大家把這威風殺一殺兒纔好呢！況寶玉才好了些，連我們也不敢說話，你反打得人狠號鬼哭的！上頭出了幾日門，你們就無法無天的，眼珠子裏就沒有人了！再兩天，你們就該打我們了！他也不要你這乾娘！怕糞草埋了他不成！」（五十八回）

"Ni tsie bie räng. Wo tsie wën ni: bie shwo womn joh ih chuz, ni kän manh ûantzli, shei tzay jutz uz-li dciaudaw-guo nûr de? Tziush nid tsinh nûr, dcidcing fenl fangz, yul jutz, tze yu jutz dä mä. Tzaijo, dah-sie de guniangs tzietziemn, ie ko'i dä-de mä-de, shei cü ni lautzeniangs iu banjungdcien gwan-tci cienshez layle? Dou jo'iangh gwan, iu dcyaw tamn gën womn cyaw shemo? Ue lauh ûe meyl guei-dcüz! Ni dcyen tsienrez. Juir de maz lay chaw, ni rudcin ie lay gën ta cyaw? Nimn fäng sinz! In lienre jog byng, nag byng, tzai lauh taitaiz iu budocienh, suo'i wo ie meiyu tcü hwey. Dëng liangh res, tzamn tcü tung hwey ih hwey, dadcia ba joh ueifungz shä ih shär tsai hauh ne! Kuang Pau'û tsai hauh le sie, lien womn ie bu gan shwo huaz, ni fan dä-de renz langhaugueikut! Shangtouz chool dcih res menz, nimn tziu ufa'utiend, ienjutz-li meiyu renz le! Tzai liangh tiens, nimn tzia gai dä womn le! Ta ie bu yaw ni joh ganniangz! Pä fentsauz mayl ta bucheng!"

「既沒這本事，誰叫你幹這樣事？這會子這個腔兒，我又看不上。待要不出個主意，我又是個心慈面輭的人，憑人撮弄我，我還是一片傻心腸兒；說不得讓我應起來，如今你們只別露面。我只領了你妹妹去給老太太，太太們磕頭；只說原係你妹妹我看上了很好，正因我不大生長，原說買兩個人放在屋裏的。今既見了你妹妹很好，而且又是親上加親的，我願意娶來做二房。皆因家中父親姊妹親近，一概死了，日子又難，不能度日；若等百日之後，無奈無家無業，實在難等。就算我接了進來，已經廂房收拾了出來，暫且住着，等滿了孝再圓房兒。仗着我這不害臊的臉，死活賴去。有了不是，也尋不着你們了。——你們娘兒兩個想想，可使得？」（第六十八回）

"Dci mey joh benshez, shei dcyaw ni gän jo'iangh shez! Johueir jog tciangr, wo iu kän-bushang. Dai'iau bu choog ju'iz, wo iu shëg sintsemienruand renz, pyng rens tsuonoong wo, wo hai sh ih-pien shah sinchangr; shwobude räng wo yng-tcilai. Rudcin nimn je bie loo mienz. Wo je lyngl ni meimeiz tcü gey lauh taitaiz, taitaimn kö touz; je shwo ûanci ni meimeiz wo kän-shang le hen hauh, jeng in wo buda shengchäng, ûan shwo may liangh-go rens fäng tzay uz-li de. Dcin dci dcyenl ni meimeiz hen hauh, ertsie iu sh tsinshangtzuotsind, wo ûan'y tsü-lai tzwo erfangz. Dcie'in dciaz-jung fumus tziemeis tsindcinh, igai sel, retz iu nanh, bu neng doo rez; ruo dëng baeh res jehou, unai udcia'u'ieh, shetzai nanh dëng. Tziu swan tziel-tzinlai, idcing siangfangz shoushel- chulai, tzantsie jooj, dëng manh le ciauz tzai ûanfängr.

Jangj wo joh bu haisaud lienz, sehuo laay-tcû. Yul bush ie sün-bujau nimn le.—nimn niang, ers liangh-go siangsyang, ko shedeh?"

結論——漢字的將來

根據上文的理論，我們可以推測漢字的將來。這種推測，是建立在兩種假定上面的。

第一，假定照現在情形下去，漢字的系統將要紊亂至於極點。現在的青年忙於科學，自然沒有餘閒來講究「六書」；前輩基於便利青年的心理，於是有提倡簡體字的，又基於原諒的心理，於是有主張不妨寫別字的。依我們看來，「六書」雖是守舊的東西，然而二千年來，漢字的形式賴此而得到統一。守舊雖可批評，而統一的利益實在太大了，爲了要求統一而守舊，還是値得的。試看各國的文字也都在墨守着舊的形式，英文的 night, right 並不會因求便利而改爲 nite, rite; 法文的 sceau, champs 也不會因求便利而改爲 so, chan. 違反舊形式而求便利，在書寫上誠然便利了些，但是失了文字的統一性，究竟是得不償失（註一七）。因爲統一性本身就有最大的便利，而且，我們對一切生活都應該有規則，寫字也不該隨意亂寫。可惜有些人不明白這個道理，竟提倡製造簡體字與原有的漢字同行，甚至提倡隨意寫別字。這麼一來，青年們更有所藉口以破壞漢字的系統了。試以我現在所教的大學生而論，他們的字當中，有杜撰的簡體字，有缺筆的，有增畫的，有形符與聲符換位的，有杜撰的形符，有杜撰的聲符，有華北的別字，有兩湖川滇黔的別字，有江浙的別字，有閩廣的別字，五花八門，改不勝改！一方面固然因為漢字難學，另一方面則因漢字的偶像已經打破，青年們存着輕視漢字的心理，自然不惜把文字的系統弄亂了。當今之世，人人可以為佉盧倉頡，青年們何嘗不可以手創若干新字式？現在如果有人將青年們的字式收集比較，我想每字總可以有十種形式以上。這種紊統的情形，勢必有增無減。老師宿儒的頭越搖，青年的錯字別字越多，等到將來老成凋謝，連搖頭的人也沒有了，而中國的文字組織將成為無政府的混亂狀態。現在幸虧有正體的鉛字，書報上的字式還能大致一律；再過若干年，總不免有添鑄新鉛字以符合青年們的新字式的，那時節，連書報上的文字也要呈現混亂狀態了。

那時節，簡體字，新形聲字，複音字，尤其是拼音文字，都會有更多的人提倡；但是，如果只管提倡而不能取漢字而代之，適足增加文字上的無政府狀態。這樣提倡漢字改革，只是一時高興，一場熱鬧，對於民衆毫無裨益。至多只能在社會上徵求得若干同志，同志與同志之間可以利用這種文字來傳達思想，仍舊與全民無關。若希望由少數同志擴充，使中國四百餘兆人都成同志，這簡直是一種夢想。

第二，假定由政府明令將漢字改為拼音文字（註一八）中國的字式自然復歸統一；然而另外又要發生一個嚴重的問題，就是未經大衆口語化的新複音詞，寫成拼音文字後，讀者在了解上將感受加倍的困難。現在我們儘管自誇方案完善，只是「閉門造車」；儘管說民衆對於拼音文字怎樣容易學習，只是「掩耳盜鈴」。其實，民衆所容易學習的只是拼音字的基本形式，其餘如詞兒連寫已經頗難，閱讀書報更難，閱讀滿紙新複音詞的拼音文字，更是難之又難。在第四節末段所論的大衆語未形成之前，假使政府冒然下令實施拼音文字，若干時期後，大家覺得行不通，勢必鬧成漢字的「復辟」，甚至弄成漢字屢仆屢起的局面。這樣，中國文字的混亂狀態更是不堪設想了。

若要中國文字不產生混亂狀態，只有兩條路可走。第一條路是恢復科舉時代對於文字的嚴厲辦法，由教育部頒佈漢字標準，不合這種標準的就算錯字，寫錯字的人就算國文程度不好。這樣，可以挽救漢字的頹運。第二條路是由教育部頒佈英文每字的標準譯語，這種譯語應儘量採取我國民間原有的辭彙，不得已而後創制新複音詞。同時，在漢字未改革以前應該厲行民衆教育，並設法使知識社會與農工社會不相隔絕，使新複音詞漸漸浸入一般民衆的口裏。若干年後，全民的語言已經近於一致了，這時實施拼音文字，纔是順水行舟毫不費力；然而成功恐怕須在數十年之後。拼音文字如果真的要推行，欲速則不達，與其催產以致嬰兒壽命不長，倒不如聽其「水到渠成」，事半功倍。率爾全部的改革是辦不到行不通的，何況所提的方案內容便有嚴重的缺憾呢？

（註一）指〃讀音而言。

（註二）假定的音值是否有考據上的價值，與實用上毫無關係。

（註三）參看著者對於法國教士 Lamasse 先生所著的 Romanization interdialectique 的批評，見清華學報十卷二期。

（註四）若要深究，請參看拙著中國音韻學上册。

（註五）爲便利起見，系統與音韻學的傳統說法略有不同，以星點爲記。下仿此。

（註六）符號取其與第十六節的聲調符號一致。陰平與陽平的分別，在聲母上看得出來，故不必另加符號。上去入聲的陰陽亦同此理。

（註七）有＊號者，今多讀爲去聲。

（註八）有＊號者表示白話音。下仿此。

（註九）此指聲母部份而言。此外閩音與「文言羅馬字」符合者甚多，下文所引粵音，客家音諸例，多有與閩音類似者。

（註一〇）「兒」字以後，與廣西白話較近似，與廣州音頗遠。

（註一一）古代複音詞極少，也不必詞兒連寫。

（註一二）關於詞類與詞品的分別，參看 Jespersen, The Philosophy of Grammar. pp.82-107.

（註一三）「拉丁化」用此，我覺得很好，所以採用。

（註一四）若遇 ü，當然先把帽字去掉，再加兩點。

（註一五）第十四節所述的文言羅馬字，亦可增加類符。

（註一六）舉例所以要抄舊小說者，有兩個大原因：第一，可以避免歐化及大衆所不懂的新興複音詞；第二，可以避免自己造出些太不通俗的話來。舊小說中擇定紅樓夢，因它能代表北平話；紅樓夢中專選會話，因爲曹雪芹在敍述故事時還不免識文。

（註一七）提倡拼音文字的人也應該努力維持統一性，切不可放任胡亂書寫。

（註一八）假定漢字有明令改革的一天，必係改爲拼音文字，且必係採用羅馬字母。簡體字不中用，新形聲字與複音字至多只能爲過渡時代的產品。